異次元緩和の罪と罰

山本謙三

講談社現代新書

2753

まえがき

慣れとは恐ろしいもので、時間をかけてじわじわと進行する症状には、なかなか気づきにくい。

２０２４年３月、日本銀行はついに〝異次元緩和〟に終止符を打った。前総裁黒田《くろだ》東彦《はるひこ》氏の就任直後に導入して以来、11年近くもの歳月が流れていた。いま振り返って気づくのは、日本経済が世界に例をみない異形の姿となったことだ。

日銀が保有する国債残高は約５９０兆円に上り、普通国債の発行残高の56％に達する（24年3月末時点）。中央銀行が政府の資金繰りの面倒をみることは、財政規律を維持するための人類の知恵として、世界的に禁じられてきた。日銀の国債買い入れは、法律上、財政法の禁じる国債引き受けには当たらないとされるが、経済機能の面からはほぼ同等である。市場経済を掲げる国の中央銀行として異例の事態だ。

財政規律の後退も著しい。ＩＭＦ（国際通貨基金）の世界経済見通し（２０２４年４月）によれば、政府の財政状態を示す「一般政府の債務残高対ＧＤＰ比率（２０２２年実績見込み）」は２５７％と、世界約１９０ヵ国・地域中第２位の高さにある。２００％を超えるのは、第1位レバノン（283％）と日本の2ヵ国だけだ。これに、100％台後半のスーダン、ギリシャなどが続く。国と通貨に対する信認は先人たちの努力の積み重ねによって築き上げられてきたものだが、このような財政状態を続けていて、いつまで信認を保ち続けることができるだろうか。

外国為替市場では、2024年7月、円・ドル相場が37年半ぶりの1ドル＝161円台後半まで下落した。ただし、これはあくまで私たちが日々目にする名目の為替レートの話である。為替レートには、このほかに、「実質実効為替レート」と呼ばれる指標がある。実質実効為替レートは、各国間の貿易ウェイトと物価の変動率格差を調整し、一国の真の国際競争力を表すものとしてBIS（国際決済銀行）が公表している。24年7月の同レートは、1971年8月のニクソンショック時よりもさらに円安の水準、すなわち当時の1ドル＝360円を大きく下回るレベルまで下落した。多くの日本人にとって、未知の世界の円相場だった。

これらすべてが日銀のせいというわけではないが、異次元緩和が果たした役割は大きい。にもかかわらず、日銀や政府からはあまり危機感が聞こえてこない。異次元緩和の総括なしにこれからの金融政策を進めていけば、将来再び物価上昇率が低下した際に同じ道を辿る危険性がある。あるいは、物価目標2％にこだわるあまり、さらなる円安など、インフレ圧力への対処が遅れるリスクも否定できない。

本書は、異次元緩和の成果を検証するとともに、歴史に残る野心的な経済実験が生み出したものと、それが日本経済と私たち日本人にもたらす痛みと困難、そして、そこからの再生を考えるための試みである。

積み上がった国債とETFの行方

詳しくは本編で解説するが、黒田日銀が行った異次元緩和は空前かつ異例ずくめだった。日銀は、2013年4月の異次元緩和の開始後、資金供給量を増やすために、前例のない規模の国債買い入れに踏み切った。黒田総裁は「戦力の逐次投入はせず、現時点で必要な政策をすべて講じた」と自信たっぷりに語ったが、その後も物価目標2%はいっこうに実現しなかった。

異次元緩和から3年が経過した16年、日銀は資金量重視から金利重視の方針に舵を切ったが、今度は長期金利をゼロ%程度に抑え込むために、多額の国債買い入れを続行した。その結果、日銀の国債保有残高は約590兆円に達し、日銀当座預金残高も、国債買い入れに見合う形で約561兆円に積み上がった(24年3月末時点)。

それだけではない。日銀は、他の先進国の中央銀行が行っていない、満期のないリスク性資産（ＥＴＦ〈上場投資信託〉など）の買い入れも行ってきた。通貨の信認を守る中央銀行が相場下落の危険がある満期のないリスク性資産を購入することは、長く禁じ手とされてきた。

この政策は、黒田総裁の前任である白川方明《しらかわまさあき》総裁時代の日銀が、リーマンショック後の経済停滞を踏まえ、苦渋の選択として導入したものだった。その際は、中央銀行にとって異例の措置であることを強く意識し、限られた規模の購入にとどめていた。その慎重さを黒田日銀はほぼ全否定する形で、積極的な買い入れ姿勢に転じた。24年3月末時点での日銀の日本株式保有額（ＥＴＦ）は約74兆円（時価）と、世界最大級の機関投資家であるＧＰＩＦ（年金積立金管理運用独立行政法人）の約62兆円を凌駕するに至っている。

異次元緩和を終え、金融正常化を進める過程では、国債やＥＴＦなどの巨額買い入れを停止し、積み上がった国債やリスク性資産を減らしていくのが基本となる。しかし言うは易く、行うは難し。

日銀が、保有国債を中途売却すれば、債券価格が急落し、金利が急上昇するおそれがある。市場の混乱を避けるには、必然的に、満期まで待って保有国債の残高を落としていかざるを得ない。しかし、日銀は、償還期間の長い長期国債を大量に買い込んできた。10年後の２０３４年４月から40年後の64年３月までに償還を迎える長期国債が約97兆円もある

（24年3月末時点）。期落ちを待ったとして、平時に戻るまでには長期の時間を要する。

一方、ＥＴＦは満期がないため、日銀が売却しない限り減ることはない。24年7月、日経平均株価は史上最高値を更新し、ＥＴＦは日銀に多額の含み益や配当金をもたらす資産となった。しかし、株式市場が急落するような局面では、財務を傷める危険がある。かといって、ＥＴＦを市場で売却すれば、株価下落の引き金となりかねない。市場にほとんど影響しない程度の規模で売却を進めようとすれば、完了に何十年もかかる。だからこそ、世界の中央銀行はリスク性資産の購入を基本的に避けてきた。日銀にとって、今後ＥＴＦをどのようにして減らしていくかは、極めて悩ましい問題である。

当然ながら、財政も大きな問題を抱える。13年度から22年度までの10年間の新規国債発行額（ＧＸ経済移行債、年金特例債、復興債を含む）は、合計約４８０兆円にのぼった。この間、日銀の保有国債残高は約４５６兆円増加した。新規国債発行額の実に95％に相当する。つまり、日本銀行は、10年間に積み上がった巨額の財政赤字を、ほぼ丸ごと呑み込んだ形になる。

新規国債の９割以上を購入してきた日銀が国債市場から退出する際には、その穴埋めを誰かが行わなければならない。想定される買い手は、国内の金融機関や海外の機関投資家だ。満期到来国債の見合いに発行される借換《かりかえ》債だけであればまだしも、今後の財政赤字を賄うために発行される新発債を含めれば、十分な買い手を見つけるのは必ずしも容易でない。日銀不在の国債市場では、これまでのような超低金利での国債発行は不可能だ。必然的に国債の発行金利はリスクに見合う形で上昇し、国の利払い費は増加することになる。そうなれば、国もこれまでのような財政の大盤振る舞いはできなくなるだろう。

それでも、財政支出の拡大への期待は、何かにつけ高まる。過去にも、自然災害や感染症の拡大などがあった。そうなれば、国債買い入れを再び日銀に求める圧力が高まるに違いない。将来のインフレの芽を膨らませないためには、日銀は毅然と立ち向かわなければならないが、異次元緩和で財政赤字をほぼ丸呑みしてきた日銀に、対峙するだけの力が残っているだろうか。だからこそ、世界各国は中央銀行による財政ファイナンスを禁止するとともに、中央銀行の独立性を尊重する制度を設け、政府と中央銀行の間の一線を画すよう努めてきた。異次元緩和はこの一線を危うくするものだった。財政一つをとってみても、異次元緩和の出口には隘路《あいろ》が待ち構えている。

リスクに見合わない成果

異次元緩和の副作用と出口に待ち受ける困難さは途方もないものだが、はたしてそれに見合う成果はあったのだろうか。黒田前日銀総裁は、在任中の10年間、一貫して異次元緩和を続けたが、結局、自ら掲げた「物価目標2％の持続的、安定的な達成」を実現できなかった。22年春以降、世界的な物価高騰の波を受けて国内物価も上昇したが、肝心の賃金のほうは物価の伸びに追いつかず、家計はむしろ苦しくなった。実質賃金指数は、2024年5月まで26ヵ月連続して前年比マイナスを記録した。その後、24年6月に同指数はようやく前年比プラスに転じたが、これには夏季賞与の寄与が大きい。所定内給与や時間外手当などの「きまって支給する給与」の実質賃金は未だ前年比マイナスに沈んでおり、予断は許さない。実質賃金のプラス定着を確認するまでにはまだ相当の時間がかかる。

また、意外に思われるかもしれないが、2003年度から22年度までの20年間の実質GDP成長率の推移を見ると、異次元緩和の開始前10年と開始後10年では、ほとんど変わっていない。黒田日銀の異次元緩和は、前任の白川総裁時代までの金融政策のアンチテーゼといえるものだったが、実質GDP成長率はほとんど変わらなかった。空前の金融緩和策は、実体経済にさしたる影響を与えることができなかったわけである。

一方で、異次元緩和によって急激な円安が進んだ。2013年3月のドル円レートは1ドル＝94円台だったが、前述のとおり24年7月には1ドル＝161円台後半まで下落した。急激な円安によって、国内資源（労働力や自然資源）の対外価値は大幅に減価した。詳しくは第5章で説明するが、日本の「国富」（国民全体が保有する資産から負債を差し引いたもの）を実質実効為替レートで割り戻して指数化すると、アベノミクスや異次元緩和の起点となる13年初めから22年末までの減少幅は実に26％に達する。この10年間で、対外価値でみれば、日本の国富の約４分の１が失われたことになる。

総括すれば、異次元緩和で得られた成果はごくわずかにとどまり、その代償は極めて大きなものとなったといえるだろう。

金融正常化に立ちはだかる困難

植田和男総裁は、慎重に出口戦略を講じようとしてきたが、その困難さは途方もないものである。性急に出口戦略を進めれば、金利の急騰や大幅な円高を招く恐れがある一方で、対応が遅れると、世界経済が後退局面に入ってしまい、金融正常化を進められなくなるリスクもある。そうなれば、「永遠の金融緩和」だ。すべてを先送りする「永遠の金融緩和」の先に待ち受けるのは、究極的には、一段の新陳代謝の停滞や経済の効率性の低下であり、ひいては高インフレの可能性である。

実際、こうしたリスクを痛感させられたのが、２０２４年８月初めに起きた円相場の急騰と株価の急落だった。株価の下落は世界的なものだったが、とくに日本は著しく、８月５日の日経平均株価（終値、３万１４５８円）は、前営業日比マイナス４４５１円と、過去最大の下げ幅を記録した。7月11日につけた史上最高値4万2224円との比較では、25％もの下落率となる。円相場も急騰し、7月前半の1ドル＝161円台後半から、8月5日には一時141円台後半まで急伸した。

きっかけは、米国景気の悪化懸念が台頭したことと、日銀による7月末の利上げが、金融の正常化に向けて大きな一歩を踏みだしたと市場に受け止められたことだった。確かに、それまでの日銀の説明ぶりからみると意外感のある政策変更だったが、それ以上に衝撃的だったのは、ごく小幅の利上げが市場に劇的な反応をもたらしたことである。

日銀は、異次元緩和の開始以来、超低金利と巨額の資金供給を続け、物価が前年比2％台に達したあとも超金融緩和の状態を維持してきた。企業や家計はこれを前提に経済活動を行い、市場も、金融政策に促されるかたちで円売り、株買いを進めてきた。

そうしたもとで、7月末にやや唐突に利上げが行われた結果、金融資本市場ではそれまでの取引を手仕舞う動きが広がり、大幅な円高と株安がもたらされた。異次元緩和以来の極端な金融緩和が、為替相場、株価、金利のボラティリティ（変動率）を高め、市場を不安定化させたということである。

その後、日銀は、金融市場が不安定な状況では利上げは行わず、「当面、現在の水準で金融緩和をしっかりと続けていく」と表明することで、事態の収拾を図ったが、おかげで金融正常化への道筋は再び不透明になった。
日銀が市場の急変におびえ、今後、金融正常化への歩みを遅らせるようであれば、「永遠の金融緩和」のリスクが一段と高まる。すべてが異次元緩和のツケであるが、植田日銀の前途には数多の困難が待ち受けている。

先人たちが多くの経験から学んだ人類の知恵として、中央銀行には「財政ファイナンスの禁止」や「資産の健全性確保」「独立性の確保」「市場介入を極力抑制すること」などの理念と枠組みがあった。世界の中央銀行はこれらが脅かされることのないよう、様々な努力を積み重ねてきた。日銀の異次元緩和は、その知恵をあまりに軽んじた。

異次元緩和の罪は、日本経済の正常化への道筋を著しい隘路にしたことである。私たちはなんとも重い課題を背負ってしまったものだ。ときの政府と日銀が自ら作り出したこととはいえ、この隘路を抜けるにはよほどの覚悟が要る。しかも、それだけでは足りない。市場経済を回復することの大切さを国民共通の理解とし、痛みを伴う財政再建への道筋を付けることが必要だ。本書がその一助となることを願ってやまない。

著者は、1996年から99年にかけて、松下康雄総裁と速水《はやみ》優《まさる》総裁時代の日銀の企画局企画課長を務め、98年に始まった金融政策決定会合に事務方として立ち会った。その後、01年から約2年間金融市場局長として日々の金融調節に携わったあとは、金融システムや決済システムの担当、国際関係の副担当に転じ、12年に日銀を退職した。金融機構局の担当理事の時代に一時金融市場局の担当を兼務したが、２００３年以降は基本的に金融政策の企画立案に関与しておらず、退職後の黒田総裁時代はもとより、在職時の白川総裁時代も金融政策の当事者になかったことを付け加えておく。

目次

第1章　異次元緩和は成功したのか？

緩和とはなにか

異次元緩和とは、元財務官でアジア開発銀行総裁だった黒田東彦氏が２０１３年の日銀総裁就任直後に始めた金融政策をいう。当初の正式名称は「量的・質的金融緩和」だったが、その後、姿かたちと名を変えながら11年近く続いた。「異次元」の呼称は、導入決定時の記者会見で黒田総裁が「量的にみても、質的にみても、これまでとは全く次元の違う金融緩和」と述べたことにちなむ。

金融緩和とは、中央銀行が、主に銀行等の金融機関から国債や債券などを買い入れ、これらを通じて世の中に出回る資金量を増やしたり、金利を押し下げたりすることによって、景気を刺激する手法をいう。このうち、金利の引き下げ余地が乏しくなるなどの理由で、とくに資金量の増加に焦点を当てて実施する金融緩和を量的緩和と呼ぶ。

量的・質的緩和とは、この量的緩和に、通常の金融緩和策では行われない質的緩和を上乗せしたものだ。具体的には、償還までより長期にわたる長期国債や株式・不動産などのリスク性資産（実際には、ＥＴＦ〈上場投資信託〉やＪ－ＲＥＩＴ〈不動産投資信託〉などの信託財産）の買い入れがこれに相当する。

これらの非伝統的な手段は、以前の日銀が、金融システム不安やリーマンショックなどの危機時に緊急対策として導入したものだった。非伝統的な手段とは、短期金利の操作を基本とする伝統的な手段に対し、その他の金融資産を買い入れることなどを指す。危機時は、通常使用しない手段に訴えてでも、金融システムの崩壊を防ぎ、市場心理を落ち着かせる必要があるとの判断からだった。

ただし、こうした危機時に用いられる手段は、中央銀行による市場への介入強化を意味し、副作用が大きいと考えられてきた。このため、どの中央銀行も危機が収まった後は速やかな収束を図ってきた。このように本来であれば緊急避難的に行う質的緩和策を、平時に、しかも前例のない規模で導入したのが、異次元緩和だった。

日銀は、金融政策を決定するための会合、いわゆる金融政策決定会合を、現在年8回定期的に開催している。黒田総裁の就任は2013年3月20日、異次元緩和を決めたのは、総裁就任から2週間後の4月3日、4日の会合だった。

この会合で黒田氏は、「量・質ともにこれまでと次元の違う金融緩和を行う必要がある。できることはすべてやる」と宣言し、「物価安定の目標2％を2年程度の期間を念頭に置いてできるだけ早期に実現する」ことを決めた。

金融政策決定会合直後の記者会見で、黒田総裁は、巨大なパネルを掲げて、詰めかけた報道陣に、目標を力強く説明した（写真）。

就任後初の金融政策決定会合後の記者会見で、量的・質的金融緩和をパネルを使って説明する黒田東彦日銀総裁（毎日新聞社提供）

◆物価安定の目標は「2%」（CPI〈消費者物価指数〉前年比）
◆達成期間は「2年」を念頭にできるだけ早期に
◆マネタリーベースは2年間で「2倍」に
◆国債保有額・平均残存期間は2年間で「2倍以上」に

パネルには、「2」の数字がずらりと並び、赤く大きな文字で強調された。著者が知る限り、金融政策決定会合後の総裁の記者会見で、このような派手なプレゼンテーションが行われたのは前例がない。2%の物価目標を2年で実現するという公約を誰にでもわかりやすく情報発信することで、市場や国民の期待

（インフレ心理）を転換させようとしたものである。

会見で、黒田総裁は「戦力の逐次投入はせず、現時点で必要な政策をすべて講じた」と述べ、異次元緩和は短期決戦であることを強調したが、一方で「物価2％を安定的に持続するために必要な時点まで、量的・質的金融緩和を継続する」とした。目標を達成するまでは、大規模な緩和を躊躇することなく続けると言い切った。2013年4月4日、この日、黒田日銀は、後戻りのできない、異次元緩和に踏み切った。日銀がルビコン川をわたった、ターニングポイントだった、といえるだろう。

異次元緩和の本当の成果

異次元緩和は、物価目標[※1]2％の持続的、安定的な達成を目指し、2年程度での達成を想定して開始されたものだったが、結局、黒田総裁の10年の任期中、延々と続けられた。

消費者物価（生鮮食品を除く総合、以下「コア消費者物価」）の前年同月比は当初の9年間一度として前年同月比2％に達することがなく、10年目にしてようやく2％を超えた。これはロシアのウクライナ侵攻に伴う原油価格や穀物価格の高騰をきっかけとするものだった。日銀自身も、この物価上昇を持続的、安定的とは認めず、その後約2年間にわたり異次元緩和を継続した。

※1　日銀による正式な呼称は「物価安定の目標」であるが、本書では通例に従い「物価目標」とする。

黒田氏は、２０２３年4月の任期満了をもって退任し、総裁職は元東京大学教授の植田和男氏に引き継がれた。植田日銀は、約1年後の２０２４年3月、「物価目標２％の持続的、安定的な達成を見通せる状況に至った」として、異次元緩和を解除した。

「物価目標２％の持続的、安定的な達成」は約11年にしてようやく実現した形となったが、これを異次元緩和の成果とみなすのはさすがに無理があるだろう。なんといっても、当初2年程度での達成を目指した政策だ。それが11年もの歳月を費やした。そのこと自体が、当初の想定が違っていたことの証しである。物価の２％超えも、主に世界的な物価高騰と国内の労働力人口の減少に伴う賃金の上昇によってもたらされたものである。

2年程度で物価目標の達成という公約は、開始5年後の２０１８年4月、あっさりと撤回された。その後の金融政策決定会合後の総裁記者会見では、「粘り強く緩和を続ける」とだけ述べるようになった。記者たちから「出口戦略」を尋ねる質問を受けても、退任時まで「時期尚早」が繰り返された。

それでも、空前の超金融緩和策は抜本的に見直されることなく続けられた。皮肉にも黒田総裁が当初否定した「戦力の逐次投入」が10年以上にわたって繰り広げられた。

詳しい経緯は第2章で説明するが、民間企業ならば、5年経っても達成されない計画の継続には異議を唱える株主が出てきてもおかしくなかっただろう。しかし、白川方明元総裁に対して物価目標の導入と実現を強く求めた当時の安倍晋三首相も、公約が未達に終わった黒田総裁に対しては、いたって寛大だった。結局、黒田総裁は２０１８年に再任され、２０２３年まで、歴代最長となる10年にわたり総裁職を務めた。これは、安倍首相から異次元緩和の継続に強い支持があったことを物語っている。

黒田総裁の任期中の10年間に、金融政策の柱として掲げた「２年程度での物価目標２％の達成」を実現できなかったことは明白だ。ただし、異次元緩和の成果については、評価が大きく分かれる。ここでは、先入観を極力排し客観的なデータをみることで、異次元緩和の成果を著者なりに分析してみたい。

異次元緩和が物価を押し上げる力は限定的

まず物価の状況を確認しておこう。黒田総裁は退任記者会見で「物価が持続的に下落するという意味でのデフレではなくなった」と発言している。

日銀が物価目標の対象として掲げる指標は、消費者物価の総合指数である。ただし、総合指数は長期的に達成すべき目標と理解されており、毎回の金融政策の検討に当たっては、コア消費者物価と呼ばれる、「消費者物価指数（生鮮食品を除く総合）」が重視されている。

物価を構成する品目の中には、野菜や果物のように、天候の影響などから値段が一時的に大きく上下するものがある。金融政策の運営に当たっては、こうした一過性の動きが起きやすい品目を取り除き、物価の大きな傾向を見極める必要がある。そうした観点から、日銀は物価指数の構成品目のうち生鮮食品を除いた総合指数であるコア消費者物価を長らく重視してきた（**図表1－1の上段**）。

異次元緩和開始前10年のコア消費者物価の前年同月比は、リーマンショックに伴い大きく下落した後、２０１１年春以降はゼロ近傍または小幅のマイナスで推移していた。２０１３年４月の異次元緩和開始後はプラス領域での推移が増えたが、２０１６年に再び一時マイナスに転落。２０２０年にもコロナショックから１％近く下落した。これらの状況を踏まえる限り、「物価が持続的に下落するという意味でのデフレではなくなった」と本当に言えるようになったのは、２０２２年の世界的な物価高騰以降だろう。データを見る限り、比較的最近の話である。

もちろん、そうはいっても、異次元緩和後に前年同月比マイナスを記録する月が減ったのは事実である。異次元緩和前の10年間でコア消費者物価の前年同月比がマイナスを記録したのは77ヵ月、変化率は年率マイナス０・２％（単純平均）だった。一方、異次元緩和後の10年間にマイナスを記録したのは28ヵ月、変化率は年率プラス０・８％（同上）だった。世界的な物価高騰を受けた２０２２年度を除く9年間は、変化率は年率プラス０・６％

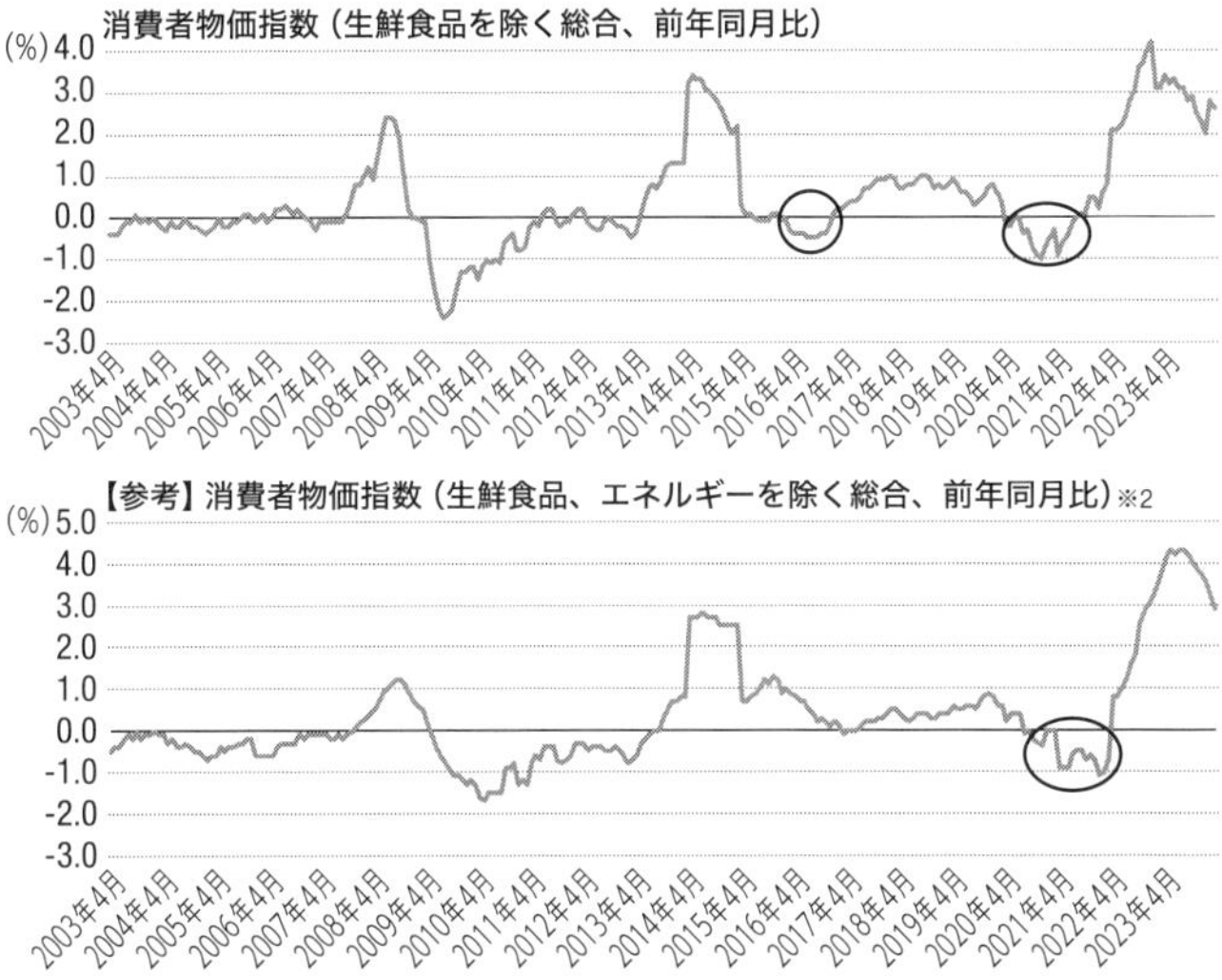

注：2014年4月および2019年10月の消費増税を反映して、その後の1年間は実勢よりも上振れしている

図表1-1　消費者物価指数

（出所）総務省統計局「消費者物価指数」をもとに著者作成

（同上）にとどまった。

異次元緩和によって、物価はごく小幅のマイナスから0%台後半のプラスに上昇した――これが掛け値のない成果である。ただし、これも手放しで評価することはできない。検討を要するのは、異次元緩和前10年間の小幅のマイナス幅（平均マイナス0・2%）がどれほど経済に深刻な影響を与えていたのか、あるいは、異次元緩和開始後の9年ないし10年の間のプラス幅（平均プラス0・6%ないし0・8%）がどれほど経済に好ましい影響を与えたかである。

「まえがき」にも書いたとおり、

※2　消費者物価指数（生鮮食品、エネルギーを除く総合）とは、コア消費者物価指数からさらにエネルギー価格を除いた指数をいい、コアコア消費者物価指数とも呼ばれる。最近の日銀は、この指数を基調的な物価上昇率を示すものとして、参考指標として掲げるケースが多い。

実質ＧＤＰ成長率は異次元緩和の前後でほとんど変わっておらず、この程度の物価指数の変化は実体経済にさほど影響を与えていないように見える。22年4月以降は、むしろ物価の2％超への上昇を受けて26ヵ月にわたり実質賃金が前年割れに落ち込んだ。24年6月、前年比はようやくプラスに転じたが、前述のとおり、未だ予断は許さない。

賃金は遅行指標なので拙速な評価は避けなければならないが、物価2％台の実現が今後どれほど実質賃金を押し上げるのか、これまでの実質賃金のマイナスをどれほど取り返せるのかは、まだ明確でない。

異次元緩和開始前とほとんど変わらなかった実質ＧＤＰ成長率

仮に、異次元緩和が、経済を活性化させてデフレ脱却に貢献したとすれば、実質ＧＤＰ成長率の変化に影響を与えているはずだ。「デフレは望ましくない」とする議論の背後には、「デフレは景気の悪化を伴う」との見方が必ずあるからだ。

図表1－2は、2003年度から22年度までの20年間の実質ＧＤＰ成長率を見たものだ。日銀総裁でいえば、異次元緩和開始前10年のうち前半5年が福井俊彦総裁時代、後半5年が白川総裁時代となる。異次元緩和開始後の10年は黒田総裁の時代である。

異次元緩和を分岐点とした前後の10年間を比べると、実質ＧＤＰの成長率の動きは驚く

異次元緩和開始前の10年

	03年度	04年度	05年度	06年度	07年度	08年度	09年度	10年度	11年度	12年度
実質GDP成長率	1.9	1.7	2.2	1.3	1.1	-3.6	-2.4	3.3	0.5	0.6
同上(5年単位)の年平均	1.6					-0.4				
同上10年間の年平均	0.63									

異次元緩和開始後の10年

	13年度	14年度	15年度	16年度	17年度	18年度	19年度	20年度	21年度	22年度
実質GDP成長率	2.7	-0.4	1.7	0.8	1.8	0.2	-0.8	-3.9	3.0	1.7
同上(5年単位)の年平均	1.3					0.0				
同上10年間の年平均	0.67									

図表1-2　実質GDP成長率の推移(%)

(出所)内閣府「国民経済計算」をもとに著者作成

ほど似ている。福井総裁時代・白川総裁時代の通算10年の成長率は年率プラス0・63%だった。一方、黒田総裁時代の通算10年は年率プラス0・67%だった。意外にも、異次元緩和の前後で、実質GDP成長率はほぼ横ばいである。

偶然であるが、経済変動のパターンも似ており、それぞれ前半の5年は好調、後半の5年は低調だった。前半の5年は、前期からの景気回復過程を引き継いだことが大きかった。福井総裁が就任した2003年の経済は、日本が長く苦しんだ金融危機からの回復過程にあった。黒田総裁が就任した2013年は、リーマンショックや東日本大震災からの回復過程にあった。なお、2023年4月に就任した植田総裁も、1

年目は、コロナショックからの回復過程を引き継ぎ、高めの実質ＧＤＰ成長率を確保した（23年度の前年度比プラス１・０％〈24年7月時点の速報値〉）。

一方、それぞれ後半の5年は、不幸な出来事が日本経済を襲った。白川総裁時代は、２００８～09年に米投資銀行リーマン・ブラザーズの破綻をきっかけとする世界経済の混乱があった。２０１１年3月には東日本大震災が発生し、経済の回復がいったん頓挫した。黒田総裁時代の後半5年も、２０２０年に始まる新型コロナ感染拡大があり、影響は２０２２年にまで及んだ。

実質ＧＤＰ成長率はほとんど変わらないにもかかわらず、白川日銀が激しい批判を浴び、黒田日銀はそうならなかったのは、やはり政権からの支持が厚かったことが大きいとみられる。異次元緩和が日銀独自の判断によることに疑いはないが、政府にとって居心地のよい政策であったことは間違いない。

まとめると、統計データを見る限り、「アベノミクス・異次元緩和」開始後のコア消費者物価の前年比プラス転化が、実体経済に決定的な変化をもたらしたようには見えない。少なくとも「デフレ脱却に大きな効果があった」とするのは、過大評価だろう。それまで禁じ手とされていた長期国債の大量買い入れやリスク性資産の買い入れを通じて、マネタリーベースを急拡大させた割には、その成果はさほどのものでなかったというのが偽らざる印象である。

雇用の増加を成果にあげるのも過大評価

黒田総裁は、2023年4月の退任記者会見で「2％の物価安定の目標の持続的、安定的な実現までは至らなかった点は残念」としつつ、「物価が持続的に下落するという意味でのデフレではなくなった」こととともに、「400万人を超える雇用の増加がみられた」ことをあげて「政策運営は適切」であったと総括した。2020年8月に辞任記者会見を行った安倍首相も、やはり雇用の増加を在任中の成果にあげた。

2年の目標達成期限を先送りし続け、10年間目標を達成できなくても「政策運営は適切」だったと淡々と述べられると、目標や約束とは何だったのかと考えさせられてしまうが、それほど、2％の物価目標は日銀だけで負うには高いハードルだったということだろう。

とはいえ、黒田総裁や安倍首相が述べたように、異次元緩和の期間中に雇用が大幅に増えたのは事実だ。しかし、これも額面通りに受け取ることはできない。前述したとおり、異次元緩和の開始前10年と開始後10年を比べると、実質GDP成長率はほとんど変わっていない。実質GDPが力強く伸び、雇用と賃金の増加とともに一人ひとりの生活が豊かになったわけではなかった。

異次元緩和の10年で、雇用は増えても、実質GDP成長率が以前と大きく変わらなかったのはなぜなのか。

実質GDPとは、一定期間内に国内で生産された財とサービスの付加価値の合計額をいう。付加価値とは、会計上、売り上げから原材料費などを差し引いたものを指し、その過半は従業員への給与と企業の利益の原資となる。直感的には、家計と企業の稼ぎである。

実質GDP、就業者、労働生産性の関係を計算式で示せば、次のようになる。

・実質GDP＝就業者数×労働生産性
・労働生産性＝実質GDP÷就業者数
・実質GDP成長率≒就業者数の伸び率＋労働生産性の伸び率

したがって、異次元緩和の前後で実質GDP成長率が以前とほとんど変わらないのは、就業者数の伸び率の高まりを労働生産性の伸び率の低下が相殺してしまったことを意味する。

実際、グラフを描いてみると、異次元緩和下での労働生産性は、すでに新型コロナの発生以前から伸び率の低下が目立つ（**図表1－3**）。

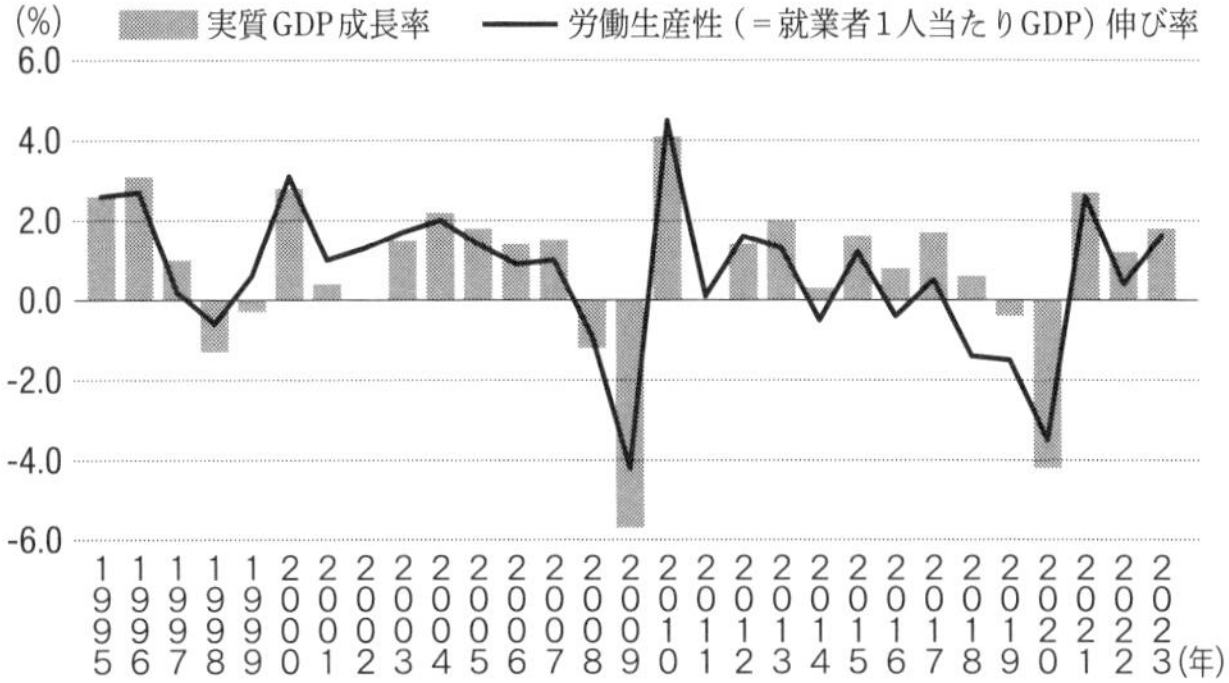

図表1-3　実質GDP成長率と労働生産性伸び率

(出所) 内閣府「国民経済計算」、World Bank "GDP per person employed (constant 2021 PPP $)" をもとに著者作成

これには技術進歩の取り込み不足などもあるだろうが、最も大きい理由は、就業者の非正規比率が高まった結果、一人当たりの労働時間が減ったことである。模式的にいえば、1日8時間働く正規雇用1人に代えて、1日4時間働く非正規雇用を2人雇えば、雇用は増えても生産量は変わらない。パートタイムを中心とする非正規雇用の比率が上がったので、雇用の伸びの割に生産量は増えなかったというわけだ。

非正規比率の高まりは、実質賃金の動向にも表れている。毎月勤労統計調査には、全労働者の賃金の内訳として、一般労働者とパートタイム労働者の賃金がある。2022～23年中の名目賃金（現金給与総額）は一般労働者もパートタイム労働者もともに比較的高い伸びを示した。ところが、これらを加重平均した全体の名目賃金の伸びは、ほとんどの月で、一般労働者、パートタイム労働者のそれぞれの伸び率を下回った。パートタイム労働者の賃金水準は一般労働者よりも低いため、パートタイム労働者の比率が上がると、全体の加重平均の伸びを低くしてしまう現象が起きる。賃金がなかなか上がらなかったのは、パートを中心とする非正規比率の上昇にあったというわけだ。

異次元緩和開始前10年の実質賃金の伸びは年平均（単純平均）でみてマイナス0・5％だったのに対し、開始後10年の実質賃金の伸び率は同マイナス0・7％だった。雇用こそ増えたものの、実質賃金の伸び率はむしろ低下している。これでは日本の家計がいっこうに楽にならないのも無理はない。2023年中の実質賃金は、物価の上昇もあってさらにマイナス幅を拡大した。非正規雇用を含めれば雇用が増加したのは事実だが、異次元緩和の成果として語るのは、やはり過大な評価だったといえるだろう。

国内景気の押し上げにつながりにくかった企業収益の増加

異次元緩和を高く評価する材料として、雇用の増加とともにしばしば取り上げられるのは、企業収益の増加だった。実際、株価も大きく上昇した。企業収益の増加は企業努力の結果であり、高く評価されるべきものだ。ただし、実質GDP成長率が以前とさほど変わらなかった以上、異次元緩和の成果として株価の上昇を取り上げるのにも慎重さが必要と

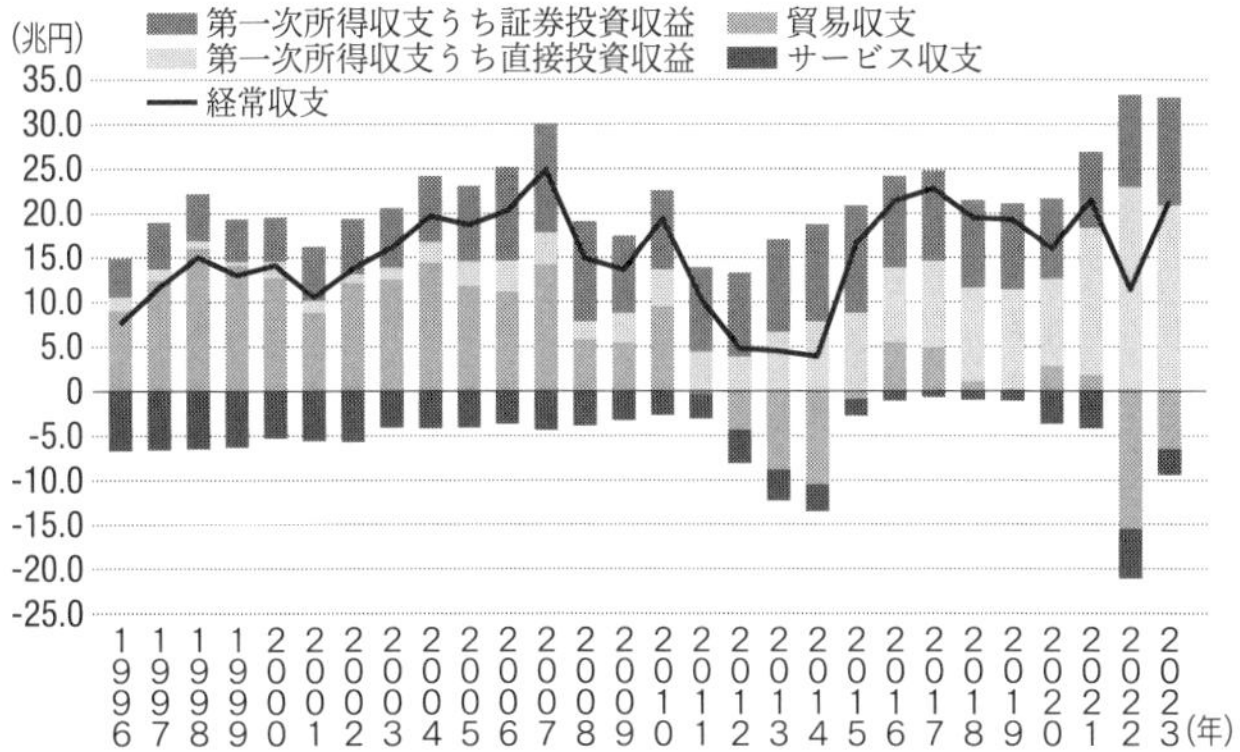

図表1-4　日本の経常収支の推移

（出所）財務省「国際収支統計」をもとに著者作成

なる。

2010年代、企業収益の増加に大きく貢献したのは、グローバル企業の海外現地法人の収益増である。上場企業の経常利益の4分の1から2分の1程度が海外からの投資収益によると推定された。海外での利益増は国内生産によるものではないので、実質GDPには反映されない。

その動きの一端を国際収支統計に沿ってみたのが**図表1-4**である。日本の経常収支は、引き続き大きな黒字を計上しているが、中身は2010年代に入って劇的に変わった。1960年代半ば以降ほぼ一貫して黒字を続けてきた貿易収支は、近年はゼロ近傍で推移し、2022～23年には大幅な赤字を計上している。

それでも経常収支の黒字が維持されているの

は、貿易黒字に代わって、第一次所得収支のうち直接投資収益が黒字幅を拡大させてきたからだ。第一次所得収支とは、①子会社や現地法人の事業の成果を配当金や利子のかたちで受け取る「直接投資収益」と、②株式や債券などの証券投資の成果を配当金や利子のかたちで受け取る「証券投資収益」などからなる。証券投資収益は２０００年代からすでに一定規模の黒字を計上していたが、２０１０年代に入ると直接投資収益の黒字が増加し、最近は証券投資収益を凌駕するようになった。

背後には、２０００年代に拡大した対外直接投資が成果を生み始めたことがある。２０００年代に海外への直接投資を増やした際には、国内の空洞化を招くとか、円高での苦し紛れの選択といった報道が目立ったが、実際には、国内の労働力不足と需要減少を見越した企業側の対応だった。

対外直接投資は、世界的な経済のグローバリゼーション（国際化）の流れにも、呼応していた。その成果が配当金となって、統計上国内に還流している。また、異次元緩和のもとでの円安進行が、海外からの配当金や利子の円換算額を水膨れさせている。ちなみに、異次元緩和の開始直前の２０１３年３月中の円ドル相場は１ドル＝94円台、これが２０２４年３月中には１ドル＝１４９円台まで円安となった。ドル建ての経常利益が変わらなくとも、円ベースでは59％の増益となる計算だ。

もっとも、直接投資収益はそのまま国内にとどまるわけではない。近年でいえば、5〜6割は海外への再投資に振り向けられる。グローバル企業にとっては、収益のあがる地域に再投資するのは合理的だ。一時期、政界から「日本の企業は内部留保ばかりため込んでいて、けしからん」との議論があったが、会計上の内部留保は預金などの手元資金を指すものではない。海外への再投資や国内の設備投資も、会計上は内部留保に見合う資産である。日本企業は内部留保ばかりをため込み、なにもしなかったわけではない。

また、円安による水膨れ分を国内給与や外部流出に充てることは、グローバル企業としては難しかっただろう。為替相場は大きく変動し、リスクがある。このため、海外現地法人があげた利益を全額日本円に交換した企業は少なかっただろう。一定の割合を海外通貨のまま保有し、為替リスクを全体としてコントロールしていたはずだ。上場企業の収益増が国内に広く還元されるとの期待は大きかったが、2010年代の企業収益の増加は、見た目ほど、国内に原資があったわけではなかったのが実態である。

成果に見合わない副作用

様々なデータを紹介してきたが、総括すると、異次元緩和の成果はわずかで、日本経済の活性化にはあまり貢献しなかったように見える。大胆な金融緩和で国民のインフレ心理を駆り立て、経済の活性化を図ると意気込んで始めた異次元緩和だったが、もくろみは外れた。日本経済の活性化に必要なのは、金融の緩和ではなく、国内企業の生産性の向上だった。

その一方で、異次元緩和は様々な深刻な副作用をもたらした。「財政規律の弛緩」「市場機能の低下」「金融システムの弱体化」など、副作用は数多い。異次元緩和が10年を超えて続く過程で、日銀は「緩和の効果は副作用を上回る」と主張した。「緩和効果が出てくるのを待つだけの時間的な余裕はある」との発言も繰り返された。しかし、効果が副作用を上回るとの主張は、著者には副作用の過小評価に見えてならない。異次元緩和がもたらす様々な副作用はきわめて深刻なものである。負の遺産は、異次元緩和を終えたのちも、日本経済を苦しめる。対応を誤ると、これまで直面したことのない不測の事態を招いたり、もはや浮上すらおぼつかない長期の停滞を招いたりするリスクを孕《はら》む。その詳細は、第3章以降で論じていくこととしたい。

第2章

前代未聞の経済実験の11年

高揚と迷走の異次元緩和

第2章では、異次元緩和の11年間に導入された施策を、順を追って解説する。新たな施策を繰り返し投入することになった物価や景気の動向は主に図表で説明し、ここでは、それぞれの施策の狙いと金融上の意味合いを掘り下げてみたい。

技術的な説明を含むため、金融にあまり詳しくない方には、ざっと目を通したうえで次章以降を読み進め、必要に応じ本章を参照していただければと思う。また、極力丁寧な説明を心掛けた関係上、金融実務に造詣が深く、すでに異次元緩和の全体像を理解されている方は、本章を飛ばして次章に進んでいただくことで構わない。

逐次投入を繰り返した11年

「戦力の逐次投入はせず、現時点で必要な政策をすべて講じた」と意気込んで始めた異次元緩和だったが、物価目標はいっこうに達成されず、当初掲げた「柱」も、次々と新しいものへと上書きされた。11年間に繰り出された施策は、「小出し」「大出し」を含め、枚挙に暇がない（**図表2－1、2－2**）。

過去の金融政策を「小出し」、「戦力の逐次投入」と痛烈に批判して始めた政策だったことを思えば、批判の根拠が問われなければならない事態だった。しかし、自省の言葉が語られることはなく、施策の逐次投入が続けられた。

「量的・質的金融緩和」の導入　（2013年4月）

- 物価目標「2％」
- 目標達成期限「2年程度」
- マネタリーベース「2年間で2倍」
- 国債保有額・平均残存期間「2年間で2倍以上」
- ETF、J-REITの買い入れ拡大
- 「資産買入等の基金」の廃止
- 銀行券ルールの一時適用停止…等

「量的・質的金融緩和」の拡大　（2014年10月）

- マネタリーベース増加額の拡大
- 長期国債買い入れ額の拡大・同平均残存年限の長期化
- ETF、J-REITの買い入れ額の拡大…等

「量的・質的金融緩和」を補完するための諸措置の導入　（2015年12月）

- 設備・人材投資に積極的に取り組んでいる企業に対するサポート
- 長期国債買い入れの平均残存期間の延長…等

「マイナス金利付き量的・質的金融緩和」の導入　（2016年1月）

- 当座預金を3階層に分割
- 一部（政策金利残高）にマイナス金利0.1％を適用…等

金融緩和の強化について　（2016年7月）

- ETF買い入れ額の増額…等

「長短金利操作付き量的・質的金融緩和」　（2016年9月）

- 長短金利操作（イールド・カーブ・コントロール〈YCC〉）の導入
- オーバーシュート型コミットメント…等

目標達成期限「2年程度」の撤回　（2018年4月）

強力な金融緩和継続のための枠組み強化　（2018年7月）

- 政策金利のフォワードガイダンス…等

物価目標に向けたモメンタムの評価を踏まえたフォワードガイダンス　（2019年10月）

- 新たな政策金利のフォワードガイダンス…等

図表2-1　異次元緩和の変遷1（2013年～2019年）

グローバルな米ドル流動性供給を拡充するための中央銀行の協調行動（2020年3月）
新型感染症拡大の影響を踏まえた金融緩和の強化（2020年3月）
●リーマンショック時に導入した6中央銀行による米ドル・スワップ取り決めの拡充 ●企業金融支援のための措置（コロナオペの導入、CP・社債等買い入れの増額） ●ETF、J-REITの積極的な買い入れ…等
金融緩和の強化について（2020年4月）
●CP・社債等買い入れの増額 ●コロナオペの拡充…等
中小企業等の資金繰り支援のための「新たな資金供給手段」の導入（2020年5月）
地域金融強化のための特別当座預金制度の導入について（2020年11月）
●金融システム政策上の措置 ●経営統合や経費の大幅削減により経営基盤の強化を図った地域金融機関に対し、当座預金残高に（プラスの）金利を上乗せ
より効果的で持続的な金融緩和について（2021年3月）
●貸出促進付利制度の創設 ●イールド・カーブ・コントロールにおける長期金利の変動幅（ゼロ±0.25％程度）の明確化 ●ETFおよびJ-REITは「必要に応じて」買い入れを行う（＝恒常的な買い入れは行わない）…等
イールド・カーブ・コントロールの運用の見直し（2022年12月）
●長期金利の変動幅の拡大（ゼロ±0.25％からゼロ±0.5％へ）
イールド・カーブ・コントロールの運用の柔軟化（2023年7月）
●長期金利の変動幅拡大（ゼロ±1.0％を事実上容認）
イールド・カーブ・コントロールの運用の柔軟化（2023年10月）
●長期金利の変動幅拡大（ゼロ±1.0％を名実ともに容認。これを超える場合も柔軟に対応）
金融政策の枠組みの見直しについて（2024年3月）
●異次元緩和の解除

図表2-2　異次元緩和の変遷２（2020年～2024年）

異次元緩和の柱の一つとして掲げた「量重視の方針」は、3年後には「金利重視の方針」に書き換えられた。「2年程度を念頭に置いて物価目標をできるだけ早期に実現する」との柱も、開始から5年後に撤回された。「国民の期待（インフレ心理）を2年程度で変えてみせる」との政策姿勢は、「粘り強く緩和を続ける」との姿勢に置き変わった。

異次元緩和の正式名称も、「量的・質的金融緩和」から「マイナス金利付き量的・質的金融緩和」へ、さらに「長短金利操作付き量的・質的金融緩和」へと書き換えられた。大量の専門用語とカタカナ言葉の投入で、国民には、何が起きているかを理解するのは難しかっただろう。拠って立つ理屈は裏付けに乏しく、実験色の強いものだった。

しかし、11年間、変わらなかったものがある。2％の物価目標をかたくなに維持したことと、長期国債やリスク性資産（ＥＴＦなど）の大量の買い入れを続けたことである。資産の買い入れは、当初は資金量の増加を実現するための手段として実行され、のちに長期金利を超低水準に抑え込むための手段として続けられた。いつまでも物価目標が達成されなかったために、巨額の国債とリスク性資産が積み上がった。国債の大量買い入れは、多額の財政赤字をほぼ丸ごと呑み込む規模となり、多額のＥＴＦの買い入れは、日銀を国内株式市場における最大の投資家に押し上げた。

いずれも、他国の中央銀行や過去の日銀が堅持してきた諸原則――「資産の健全性の確保」「財政ファイナンスの禁止」「中央銀行による市場介入を極力抑制すること」を脅かすものだった。異次元緩和によってもたらされた市場機能の低下と財政規律の緩みは、市場経済を基軸とする日本経済の根幹を揺るがしている。

以下、なぜこのような事態に立ち至ったのか、その経緯と金融調節の手法の変遷を振り返ってみよう。

異次元緩和前夜の激しい対日銀批判

異次元緩和前夜の日本経済は、２００８年に起きたリーマンショックや11年の東日本大震災の発生を背景に、停滞から脱し切れずにいた。

08年度、09年度の実質ＧＤＰ成長率は、2年連続でマイナス成長を記録した。景気は10年度に持ち直したものの、ギリシャ危機を発端とする欧州債務危機（２０１０〜12年）や東日本大震災の発生を受けて、回復の足取りは鈍かった。コア消費者物価の前年同月比も、ひところに比べれば下落幅は縮んだものの、なお小幅のマイナスが続いていた（**図表2－3**）。

この間、白川日銀は、「基金」と名付けた枠組みを設け、ＥＴＦや社債の買い入れなどの非伝統的手段も用いながら金融緩和の強化に努めていた。ただし、非伝統的な手段の活

	2008年度	2009年度	2010年度	2011年度	2012年度
実質GDP成長率(%)	**-3.6**	**-2.4**	3.3	0.5	0.6
消費者物価指数前年度比(生鮮食品を除く総合%)	1.2	**-1.6**	**-0.8**	0.0	**-0.2**
完全失業率(%)	4.1	5.2	4.9	4.5	4.3
短期金利(無担保コールO/N物レート、年度末、%)	0.088	0.082	0.062	0.076	0.058
長期金利(10年物長期国債利回り、年度末、%)	1.342	1.395	1.255	0.988	0.564
ドル・円相場(年度末、1ドル=円)	98.10	93.25	83.13	82.15	94.05

図表2-3　白川日銀総裁時代の日本経済のパフォーマンス

(出所)内閣府「国民経済計算」、総務省統計局「消費者物価指数」「労働力調査」、財務省「国債金利情報」、日本銀行「無担保コールO/N物レート」「外国為替市況」をもとに著者作成

用はリスクを伴うため、一定の慎重さをもって運営していた。

いわゆるリフレ派は、日銀のこの慎重姿勢を激しく攻撃した。リフレ派とは、一般に、世の中に出回る資金量を拡大することで人々のインフレ心理を高め、緩やかな物価上昇の実現を通じて景気の拡大を図ろうと主張するエコノミストや学者をいう。

リフレ派の主張には、海外からの支援材料もあった。ノーベル経済学賞の受賞者である米国ニューヨーク市立大学のポール・クルーグマン教授らが「金利がゼロ%に張り付いたとしても、中央銀行は国民に物価上昇を約束することでインフレ心理を高めれば、経済成長を実現できる」との主張を展開していた。

この議論は、「金利がいったんゼロ%に張り付

けば、それ以上に金利は下げられないため、金融政策は効力を失う」との伝統的な見方を覆すものだった。クルーグマン教授は、刺激的な言葉で論争を煽るスタイルで知られる人物であり、日銀は物価のコントロールに「無責任であるべき」とすら語っていた。無責任な姿勢を示すことで、人々に本当にインフレになると信じ込ませることが大事との主張だった。

リフレ派による対日銀バッシングに呼応したのが、当時の最大野党、自由民主党だった。自民党は、リフレ派の主張を対日銀批判だけでなく、与党民主党への攻撃材料にも使った。2012年冬に行われた総選挙では、自民党は「デフレ・円高からの脱却を最優先に」をキャッチフレーズに、「明確な物価目標（2%）を設定、その達成に向け、日銀法の改正を視野に政府・日銀の連携強化の仕組みを作り、大胆な金融緩和を行います」との公約を掲げた。

選挙の公約に金融政策の運営が盛り込まれたのは、過去、ほとんど例をみないことだった。とりわけ、日銀法の改正までもが言及されたのは衝撃的だった。国内に底流する低成長への不満に訴えかける戦略が奏功し、自民党は総選挙に大勝した。2012年末、自民党は政権に復帰し、第二次安倍晋三内閣が発足した。

政府・日銀の共同声明

安倍首相は、政権復帰後、早速公約の実現に向けて動き、2013年1月22日に、2％の物価目標を盛り込んだ「政府・日本銀行の共同声明」を日銀とともに公表した（**図表2－4**）。

声明文は、冒頭「デフレからの早期脱却と物価安定の下での持続的な経済成長の実現に向け、（中略）政府及び日本銀行の政策連携を強化し、一体となって取り組む」とした（傍線著者、以下同じ）。その上で「日本銀行は、物価安定の目標を消費者物価の前年比上昇率で2％とする」とし、自民党が総選挙で掲げた政権公約を反映するかたちとなった。日銀も、同日の金融政策決定会合で「物価目標2％の導入」を決めた。

ただし、政府・日銀の共同声明には、「金融政策の効果波及には相応の時間を要することを踏まえ、金融面での不均衡の蓄積を含めたリスク要因を点検」するとの文言も盛り込まれ、物価目標追求の過程で生じうる副作用にも一定の配慮を行う姿勢が示された。白川日銀の主張が取り入れられたのだろう。また、政府の施策として、「機動的なマクロ経済政策運営に努める」とともに、「財政運営に対する信認を確保する観点から、持続可能な財政構造を確立するための取組を着実に推進する」ことも掲げられた。

結果的にみれば、その後、積極的な財政運営は展開されたものの、「持続可能な財政構造

政府・日本銀行の共同声明

平成25年1月22日
内　閣　府
財　務　省
日　本　銀　行

デフレ脱却と持続的な経済成長の実現のため、政府・日本銀行は別紙のとおり政策連携を強化し、これを共同して公表するものとする。

（別紙）

デフレ脱却と持続的な経済成長の実現のための政府・日本銀行の政策連携について
（共同声明）

1．デフレからの早期脱却と物価安定の下での持続的な経済成長の実現に向け、以下のとおり、政府及び日本銀行の政策連携を強化し、一体となって取り組む。

2．日本銀行は、物価の安定を図ることを通じて国民経済の健全な発展に資することを理念として金融政策を運営するとともに、金融システムの安定確保を図る責務を負っている。その際、物価は短期的には様々な要因から影響を受けることを踏まえ、持続可能な物価の安定の実現を目指している。

日本銀行は、今後、日本経済の競争力と成長力の強化に向けた幅広い主体の取組の進展に伴い持続可能な物価の安定と整合的な物価上昇率が高まっていくと認識している。この認識に立って、日本銀行は、物価安定の目標を消費者物価の前年比上昇率で２％とする。

日本銀行は、上記の物価安定の目標の下、金融緩和を推進し、これをできるだけ早期に実現することを目指す。その際、日本銀行は、金融政策の効果波及には相応の時間を要することを踏まえ、金融面での不均衡の蓄積を含めたリスク要因を点検し、経済の持続的な成長を確保する観点から、問題が生じていないかどうかを確認していく。

3．政府は、我が国経済の再生のため、機動的なマクロ経済政策運営に努めるとともに、日本経済再生本部の下、革新的研究開発への集中投入、イノベーション基盤の強化、大胆な規制・制度改革、税制の活用など思い切った政策を総動員し、経済構造の変革を図るなど、日本経済の競争力と成長力の強化に向けた取組を具体化し、これを強力に推進する。

また、政府は、日本銀行との連携強化にあたり、財政運営に対する信認を確保する観点から、持続可能な財政構造を確立するための取組を着実に推進する。

4．経済財政諮問会議は、金融政策を含むマクロ経済政策運営の状況、その下での物価安定の目標に照らした物価の現状と今後の見通し、雇用情勢を含む経済・財政状況、経済構造改革の取組状況などについて、定期的に検証を行うものとする。

図表2-4　2013年1月22日に発表された「政府・日銀共同声明」。2％の物価目標が盛り込まれた

の確立」はほとんど前進がみられなかった。安倍政権としては、選挙公約に掲げた「物価目標2％」と「デフレ脱却に向け日銀と政府が一体となって取り組むこと」にもっぱら関心があり、持続可能な財政構造の確立にはあまり関心がなかったのだろう。新聞などのメディアも、当時の雰囲気を反映して物価目標2％の導入にだけ焦点を当てた報道が多く、「持続可能な財政構造の確立」は関心を向けられることなく、忘れ去られていった。

2013年3月、白川日銀総裁は、2人の副総裁が任期満了となるタイミングで、総裁任期を1ヵ月弱残して辞任した。

黒田総裁の鮮烈な登場と4本の柱

2013年3月、白川総裁のあとを受けて、黒田東彦元財務官が日銀総裁に就任した。その登場は鮮烈だった。就任直後の4月3日、4日の金融政策決定会合で、早速、異次元緩和の導入を決定した。内容は、従来の金融政策に対するアンチテーゼ（対立軸）というべきものだった。それまでの金融政策を、小出しで、デフレ脱却の熱意に欠けると批判し、そのもとで「サプライズを伴う大胆さ」と「国民の期待（インフレ心理）が変わるよう、物価目標の実現に中央銀行として強くコミット（約束）する姿勢」にこだわった。

底流にある考えをまとめれば次のようになるだろう。

◆長期にわたる日本経済の停滞の原因は、デフレーション（デフレ）にある。デフレとは、物価指数の持続的な下落をいう。

◆物価目標2％の達成は日銀の責務である。

◆デフレは日銀が資金供給を増やすとともに、国民の期待（インフレ心理）に働きかければ克服できる。

◆人々の期待を高めるには、物価目標と目標の達成期限を明示し、必ず達成すると約束することが重要である。

以下、異次元緩和後の記者会見で、日銀がパネルをもって提示した4つの「2」に沿って、その内容と意味するところを簡単に説明しよう。

第1の柱：物価目標2％の達成に厳格にこだわること

第1の柱は、物価目標2％の達成を国民に明瞭に約束することである。それまでの日銀は、物価目標の達成には幅広い主体による成長力強化の取り組みが重要とし、金融政策だけで達成するのは難しいと考えていた。

異次元緩和はこのスタンスを真っ向から否定し、金融政策の力で目標を達成してみせるとの姿勢を鮮明にした。そのための仕掛けが以下に述べる第2、第3、第4の柱であり、自信に満ち溢れた発信の数々も人々の心理を高めるツール（手段）として用いられた。

第2の柱：目標達成期限を「2年程度」と明示すること

第2の柱は、目標達成期限の明示である。これも、以前の日銀が明示を避けていたものだ。以前の日銀は、物価目標の達成は、成長力強化などの民間活力の回復や構造政策が不可欠とみていたため、目標期限の明示を避けていた。一方、黒田日銀は、物価目標の達成はひとえに日銀の責務であり、やる気になれば日銀だけで達成できるとの理屈の上に立っていた。

あとから振り返れば、現実離れした理屈であり、それゆえに壮大な経済実験と呼ばれたが、当の日銀はこの理屈を真剣に信じ、国民に物価目標の達成を信じ込ませようとリプライズ型の政策を多用した。これが、途方もない規模の資産買い入れと強気の言葉の繰り返しにつながった。

第3の柱：従来比2倍に当たる巨額の資金供給を行うこと（資金量重視の方針）

資産		負債・純資産		
短期国債	27	発行銀行券	76	マネタリーベース 88兆円
長期国債	49	当座預金	12	
貸出金	23	政府預金	6	
外国為替勘定	5	引当金勘定	3	
		資本金・準備金	3	
資産合計	113	負債・純資産合計	113	(兆円)

図表2-5　日本銀行のバランスシート（2007年3月末）

（出所）日本銀行「日本銀行勘定」をもとに筆者作成

第3の柱は、資金量重視の方針である。少し詳しく解説しておこう。

金利のある世界では、中央銀行は、短期国債の売買などを通じた資金の供給・吸収により、短期金利を目指す水準に誘導していく。2007年3月末の日本銀行のバランスシート（**図表2-5**）をもとに、その仕組みを考えてみよう。注目を要するのは、負債サイドにある当座預金だ。金融機関が日銀に預ける預金をいう。以前は当座預金には金利が付されていなかったので、金融機関にとっては、保有しても収益を得られない資産だった。

それでも、金融機関には当座預金を置く理由が二つある。一つは、準備預金制度と呼ばれる制度のもとで、法律に従い日銀に保有しなければならない金額があることだ。2007年3月末時点では当座預金として約12兆円の残高があるが、このうち約5兆円が準備預金制度に基づく当座預金だった。ちなみに、この制度に基づく金額は2024年3月時点では約13兆円となっている。

もう一つの理由は、金融機関が、日々の資金繰り上必要となる資金を日銀の当座預金上で管理していることである。日銀当座預金は、いつでも直ちに資金決済に使える特性がある。企業が、万一の出費に備え、民間銀行に一定の当座預金を置くのと同じだ。図表の例では、準備預金制度に基づく法定準備預金約5兆円を含む、当座預金残高約12兆円がこれにあたる。すなわち、法定準備預金だけでは決済資金として不足するため、さらに約7兆円を金融機関が自主的に保有していたことになる。ただし、以前であれば収益を生まない資産なので、金融機関は法定準備を超える当座預金はできるだけ少なめに絞り込むよう努めていた。

以上を踏まえ、金融調節を通じて短期金利を低めに誘導したいときは、日銀は、例えば短期国債を多めに市場（主に金融機関）から買い入れ、代金を当該金融機関の当座預金に振り込む。すると、日銀のバランスシート上では、資産サイドの短期国債と負債サイドの当座預金が同額増える。一方、金融機関のバランスシート上では、資産サイドの短期国債が減少し、同額がやはり資産サイドにある日銀当座預金に振り替わる。

金融機関にしてみれば、金利がつかないにもかかわらず、法定準備や決済用残高を賄う以上の当座預金を抱えこむことになるため、余剰の当座預金をできるだけ減らそうと、他の金融機関向け貸し付けなど[※3]（コール取引など）を模索する。その結果、市場全体では短期の資金が供給超過となり、短期金利が低下する。図表の例では、短期国債の買い入れにより当座預金（約12兆円）をさらに増やせば、短期金利が低下することになる。

第3の柱（続き）：マネタリーベースとは

他方、金利がゼロ近傍に張り付いてしまうと、日銀がどんなに短期国債を買い入れて当座預金を増やしても、金利水準はほとんど変わらない。それでも資金を増やせば人々の期待（インフレ心理）を変えることができるはずとしたのが、異次元緩和の拠って立つ理屈だった。その際、資金量の指標として掲げたのがマネタリーベースであり、異次元緩和はその増加額を金融調節の柱に据えた。

マネタリーベースとは、日銀のバランスシート上、負債サイドにある発行銀行券と当座預金の合計残高をいう。前掲図表2－5の例では約88兆円である。このうち、発行銀行券は短期的には細かくコントロールできないので、実際の操作対象は当座預金の金額となる。短期国債を大量に買えば当座預金を増やすことができるし、それで足りなければ、長期国債やリスク性資産を買うことで当座預金を増やすことができる。

注意を要するのは、日銀当座預金にはユニークな性格があり、ある金融機関が当座預金

（オーバーナイト物）である。オーバーナイト物とは、今日貸し付けた資金が翌日には返済される取引をいう。また、コール取引には、借り手に担保の差し入れを求める有担保コールと、求めない無担保コールがあるが、期間がごく短い取引はほとんどが無担保コール取引となっている。

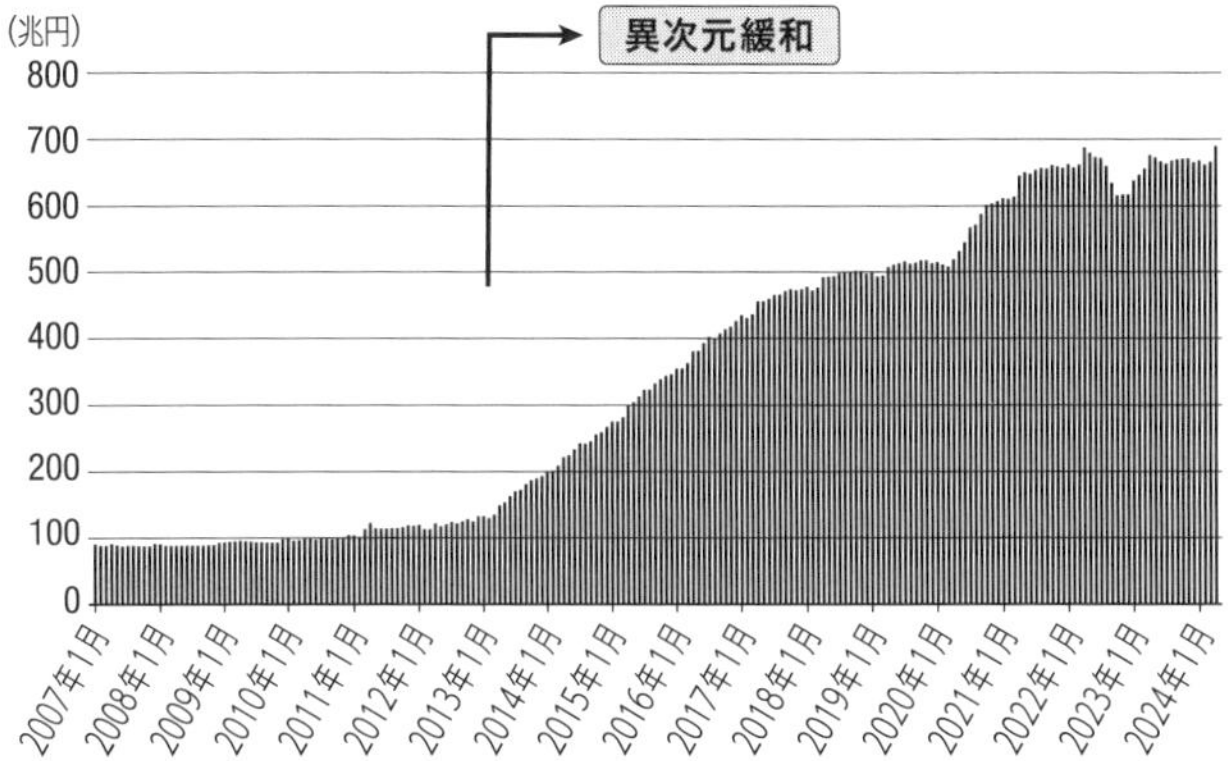

図表2-6　マネタリーベース平均残高推移

（出所）日本銀行「マネタリーベース（平均残高）」をもとに著者作成

を減らそうと資金をコールローンに出しても、受け取った側の金融機関の当座預金が増えるために、金融市場全体の当座預金の総額は変わらないことだ。当座預金の総額が変わるのは、金融機関が当座預金を引き出して、現金（発行銀行券）を持ち帰る場合だけである。ただしこの場合も、当座預金が発行銀行券に振り替わるだけで、マネタリーベースの総額は変わらない。

このように、マネタリーベースの残高は、負債サイドの当座預金の増減によってほぼ決まり、また、当座預金の増減は、日銀が買い入れる資産の多寡によって決まる。これがマネタリーベースを金融調節の目標に据え、実現の手段として国債の大量買い入れを決めた意味である。

実際、異次元緩和の開始後、マネタリーベースの残高はけた違いに増えた（**図表2-6**）。

※3　コール取引とは、金融機関の間で行われる短期の資金の貸し借りをいい、資金の貸し付けをコールローン、資金の借り入れをコールマネーと呼ぶ。日銀が金融政策の誘導目標としている短期金利は、無担保コールレート↗

問題は、当初の理屈が想定するように、マネタリーベースの増加によって人々のインフレ心理が高まるかどうかだった。しかし、現実の物価上昇率は、マネタリーベースの残高にほとんど影響されなかった。当初から、マネタリーベースを増やせば人々のインフレ心理が高まるとの理屈を疑問視する見方は多かったが、その見方を実証する結果となった。

第4の柱：国債保有額・平均残存期間を2年間で2倍以上にすること

第4の柱は、マネタリーベースを増やすために、国債の買い入れ額を倍増させるとともに、満期の長い長期国債を買い入れることである。

前述のとおり、中央銀行が従来金融調節の基本としてきたのは、短期国債を中心とする短期の資産だった。短期の資産は満期が早期に到来するので、金融調節の機動性を保ちやすい。また、期間の短い国債は価格の変動幅も相対的に小さく、日銀の財務上も大きな含み損益を抱え込まずに済む。

異次元緩和は、この基本的な原則を覆して、より長期の国債を大量に買い入れることを目指した。大量の買い入れを目指せば、短期国債だけでは購入対象が不足することがあった。同時に、長期の国債を買い入れることで、金融緩和により強くコミット（約束）する姿勢を示すことができるとの考えもあっただろう。

しかし、買い入れ資産の長期化は、日銀の国債買い入れが財政ファイナンスに近づくリスクを孕む。財政ファイナンスとは、財政法では、日銀が国債を直接政府から引き受けるか、直接政府に貸し付けることをいうが、日銀が市場からどんどん国債を買い入れれば、経済機能的には引き受けに近い効果が生まれる。世界の中央銀行が長期資産の買い入れに慎重な姿勢を崩してこなかったのは、これが理由である。同時に、資産の長期化は、異次元緩和が出口に至ったあとの収束を難しくする。長期国債の中途売却は市場を混乱させる恐れがあるため、日銀にとってとりうる選択肢にはなりにくい。このため、買い入れた長期国債は満期の到来を待って残高を落とすことになるが、そうなれば、残高の圧縮に時間がかかる。異次元緩和後の日銀にとって、最大の課題である。

なお日銀は、異次元緩和の決定と同時に、同じ金融政策決定会合で銀行券ルールの一時適用停止を決めている。銀行券ルールとは、日銀内部で長く維持されてきた「日銀が保有する長期国債の残高は、銀行券発行残高を上限とする」というルールである。第4章で詳述するが、これも野放図な国債買い入れを防ぐための仕掛けだった。平均残存期間の長期化と銀行券ルールの一時適用停止は、中央銀行が従来維持してきた資産の健全性確保の原則を覆し、結果的に財政ファイナンス酷似の国債買い入れへの道を拓くものとなった。

社債、ＥＴＦ等の買い入れ

日銀が掲げたパネルには含まれていないが、日銀は異次元緩和の中で、ＥＴＦやＪ－ＲＥＩＴ、社債などの買い入れ増額も決定した。

社債や株式は民間企業が発行するものであるため、市場で決まる価格や金利には、当該企業が倒産するリスクが織り込まれている。買い手は、万一企業が破綻し、資金を回収できなくなる事態に備え、売り手に対し、リスク相当分を金利に上乗せするよう（価格を引き下げるよう）求める。この結果、一般に国債に比べ金利は高め（価格は低め）となる。企業は国よりも破綻するリスクが大きいと考えられるためだ。

この金利差（価格差）が信用スプレッドと呼ばれ、国と企業の信用力の差を表す。日銀がＥＴＦや社債を買い入れる狙いは、買い入れによって信用スプレッドを圧縮し、企業が株式や社債を発行しやすくすることにある。とくに金融危機などが起きると、疑心暗鬼から市場の取引は停滞し、信用スプレッドが過度に拡大することがある。そうした事態に対し、市場の不安心理の広がりを抑え、信用スプレッドを本来の水準に引き戻そうというのが狙いである。

しかし、日銀が個別企業の倒産確率を正確に分かっているわけではない。もし日銀が信用スプレッドを過度に圧縮すると、本来市場から退出すべき企業を生きながらえさせることになり、経済の活力をむしろ奪う。また、企業の実態が早晩明らかになり、市場全体で倒産確率が見直されたときには大きな反動が生まれる。社債金利の大幅な上昇や、株価、ETF価格の大幅下落である。

白川日銀が金融政策上の措置として、初めてETFの買い入れに踏み切ったのは、リーマンショック後に市場が萎縮し、信用スプレッドが過度に拡大しているとの判断からだった。ただし、当時はこれに伴うリスクが強く意識されていたため、ETFの買い入れ規模は抑制されていた。異次元緩和は、こうした危機時の対応を「デフレ脱却」の名のもとに常態化させたものであり、中央銀行としてはやはり異例の措置だった。

第3の柱の変容、量重視から金利重視へ

2013年の異次元緩和の導入を、金融市場は当初喝采をもって迎え、大きく反応した。政策実施のタイミングも、けた違いの資金供給額も、アピールの手法も、すべてにおいてサプライズだった。円相場は大きく下落し、株価は大幅に上昇した。物価も一時、前年同月比プラス1％台に乗った。

黒田総裁は、2013年12月の講演で「現在は、実体経済や金融市場、人々のマインドや期待など、好転の動きが幅広くみられており、デフレ脱却に向けた『千載一遇』のチャ

	2013年度	2014年度	2015年度	2016年度	2017年度
実質GDP成長率（%）	2.7	**-0.4**	1.7	0.8	1.8
消費者物価指数前年度比（生鮮食品を除く総合%）	0.8	2.8（注）	0.0	**-0.2**	0.7
完全失業率（%）	3.9	3.5	3.3	3.0	2.7
短期金利（無担保コールO/N物レート、年度末、%）	0.044	0.015	**-0.002**	**-0.060**	**-0.068**
長期金利（10年物長期国債利回り、年度末、%）	0.641	0.398	**-0.049**	0.067	0.043
ドル・円相場（年度末、1ドル=円）	102.85	120.11	112.63	112.05	106.19

注：2014年4月に消費増税（5%→8%）あり

図表2-7　黒田日銀総裁時代（前期）の日本経済のパフォーマンス

（出所）内閣府「国民経済計算」、総務省統計局「消費者物価指数」「労働力調査」、財務省「国債金利情報」、日本銀行「無担保コールO/N物レート」「外国為替市況」をもとに著者作成

ンスです」と発言した。岩田規久男副総裁も、２０１４年２月の記者会見で、２ヵ月後に予定される消費増税に触れ、もともと異次元緩和を導入した時は、「消費税の増税が２段階で行われることは織り込み済みで、（中略）その場合にはこの程度の量的金融緩和が必要だと思って（異次元緩和を）打ち出したもの」と述べ、異次元緩和の効果を自信満々に語った。ともに、日銀内部の高揚感をうかがわせる発言だった。あたかも、すべてがうまくいくかに見えた。

しかし、長続きはしなかった。

２０１４年秋には、物価上昇率の鈍化が鮮明になり（**図表２－７**）、同年10月、日銀は資金供給額の増額に踏み切った。それでも、物価が目標に到達する目途は立たなかった。

当初目標の達成時期として掲げた「２年程度」

の時期も過ぎた2016年、日銀は、劇的な方針転換を図った。マイナス金利政策（1月）と、イールド・カーブ・コントロール（9月）の導入である。

マイナスの短期金利政策の導入

2016年1月に日銀が導入したマイナス金利政策は、日銀が金融機関から預かる当座預金を、政策金利残高（マイナス0・1%）、マクロ加算残高（ゼロ%）、基礎残高（プラス0・1%）の3階層に分け、それぞれの残高に付利する政策である**（図表2－8）**。

このうちプラス0・1%が付利される基礎残高は、金融機関ごとにあらかじめ上限額が定められ、また、ゼロ%の付利が適用されるマクロ加算残高は、四半期ごとに計算され、金融機関に示された。この両者の合計値を上回る当座預金を政策金利残高と呼び、マイナス0・1%を付利した。

ここで、マイナス金利を適用することの意味を考えてみよう。マイナス金利が付利されれば、一定期間後には当座預金（政策金利残高）は目減りする。年利マイナス0・1%の付利であれば、1000億円の当座預金（政策金利残高）が1年後には999億円となる理屈だ。これをみすみす放置するわけにいかないので、政策金利残高を抱え込んだ金融機関は、資金をコールローンなどで運用し、少しでも損失を減らそうとする。日銀が国債など資産

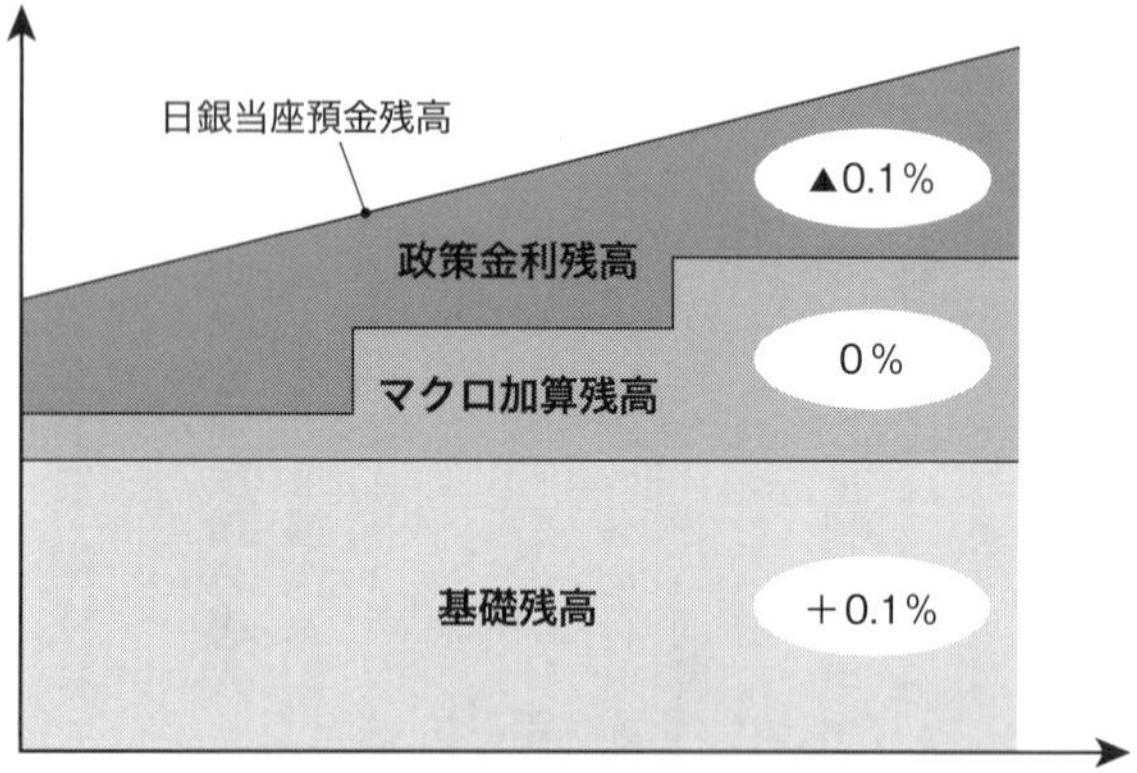

（兆円）

補完当座預金制度適用先の当座預金残高合計	510
うち**プラス**金利適用残高	206
うち**ゼロ**金利適用残高	278
うち**マイナス**金利適用残高	26

注：当座預金への付利は、銀行、証券会社、短資会社などを適用先とする補完当座預金制度のもとで行われている

図表2-8　マイナス金利政策と日銀当座預金制度の枠組みの概念図（上）と日銀当座預金への付利状況（2024年2月16日～3月15日の平均）（下）

（出所）上：日本銀行「本日の決定のポイント（2016年1月29日）」より
下：日本銀行「業態別の日銀当座預金残高」をもとに著者作成

の買い入れを通じて当座預金（政策金利残高）を増やせば増やすほど、市場には余剰資金が生まれ、市場金利（無担保コールレート）が低下することになる。コールレートがマイナス金利であっても、マイナス0・1％未満であれば、日銀の当座預金（政策金利残高）に置くよりはましであるため、金融機関はコールローンを出し続ける。こうして市場の金利もマイナス領域に収れんしていくことになる。もしコール市場で資金の借り手が見つからなければ、金融機関は他の運用手段、すなわち、長期国債や社債、株式、外債などに資金の使い道を広げるだろう。その結果、長期金利の低下や株価の上昇、円相場の下落が起きる。金利低下、株高、円安のいずれの経路も金融緩和に資するというのがマイナス金利政策の理屈付けである。

なお、マイナス金利のマイナス幅はどこまでも拡大できるわけではない。日銀は、異次元緩和の期間中「マイナス金利はまだまだ深掘りできる」と強調し続けたが、かなり怪しい。日銀がマイナス金利を大幅に拡大させる場合を考えてみよう。政策金利残高を抱え込んだ金融機関がとりうる行動は、日銀当座預金を引き出して現金を持ち帰るか、収益の悪化を防ぐため、預金者から受け入れる預金にマイナスの金利を付すことである。

もし本格的に預金金利にマイナス金利が付利されれば、預金者もやはり預金を引き出して、現金を持ち帰るはずである。いわゆるタンス預金だ。社会的に見れば、タンス預金の増加は盗難のリスクを膨らませ、不安や苛立ちを高めさせる。にもかかわらず、タンス預金は金融緩和に寄与しない。金庫の容量や盗難リスクとの兼ね合いもあるので、マイナス金利、イコール現金持ち帰りではないが、マイナス金利の深掘りは社会に不必要な混乱をもたらす。日銀の言いぶりとは裏腹に、マイナス金利政策の金利引き下げ余地は限られていたとみるのが自然である。

イールド・カーブ・コントロール

２０１６年１月のマイナス金利政策の導入は、量重視の政策の行き詰まりを象徴するものだった。にもかかわらず、その時点では日銀はマネタリーベースの拡大方針（年間80兆円の増額方針）を変更せず、マイナス金利政策だけを上乗せした。しかし、金利と量の両方を同時に特定水準にコントロールしようとするのは、やはり無理があった。

その咎めは、すぐに表れた。量の増大を続けた上に、短期金利をマイナス０・１％まで引き下げたために、長期金利も一挙にマイナス領域に突入した。長期国債10年物の市場金利は同年２月下旬以降、恒常的にマイナス金利をつけるようになり、７月には一時マイナス０・２９％まで下落した。この結果、証券会社が長く運営してきた投資信託の一種ＭＭＦ（マネー・マーケット・ファンド）は、運用難から廃止せざるをえなくなった。また、公社債投資信託も残高が劇的に減少した。金融機関の収益も悪化した。

この状況を是正するため、同年9月、日銀は長短金利操作（イールド・カーブ・コントロール〈YCC〉）を導入し、マイナス0・1％の短期金利政策に加えて、長期金利もゼロ％近傍に抑え込む方針を表明した。同時に日銀は、マネタリーベースの年間80兆円増額を撤回し、「2％の物価を安定的に持続するために必要な時点まで、『マネタリーベースの拡大方針』を継続する」ことにした。すなわち、マネタリーベースは、年間80兆円の増加でなく、プラスでさえあればよいことにした。金融政策決定会合の公表文には「マネタリーベースの残高は、イールド・カーブ・コントロールのもとで短期的には変動しうる」との文言も付け加えられており、マネタリーベースの量は、あくまで金利コントロールの結果として決まってくるとの理解が示された。

同時に、長期国債の買い入れも「保有残高の増加額年間約80兆円をめどとしつつ、金利操作方針を実現するよう運営する」とし、長期国債の買い入れ額もマネタリーベースと同様に金利コントロールの結果として決まるとの認識が示された。記者会見での日銀の説明はあいまいに終始したが、内実は量重視から金利重視への劇的な転換だった。

なお、長期金利を中央銀行が特定水準に抑え込もうとするのは、世界的にもほとんど例のないことだった。以前の日銀は、短期の金利はコントロールできるが、期間が長くなればなるほど金利のコントロールは難しくなるとの見解を示していた。金融市場の金利は、将来の経済情勢や金融政策の市場参加者の予想を織り込んで変動する。長期になればなるほど市場参加者の見方はばらつくため、日銀も特定水準に市場金利を収れんさせるのは難しいとの見方だった。

ただし、市場への債券の供給量を丸ごと日銀が吸収するようなことをすれば、市場で取引される債券金利を表面上抑え込むことはできる。すなわち、イールド・カーブ・コントロールとは、市場に出回りうる国債のほとんどを金利ゼロ％で日銀が吸収することを意味した。これが、量重視から金利重視への転換にもかかわらず、巨額の国債買い入れを続けることになった理由である。

もはや、これを国債市場と呼んでよいかも分からない。大量の国債買い入れが、市場機能を大きくゆがめたことは間違いない。金融市場とは、いつでも売却可能な国債が背後に控え、金利の変動に応じて市場に売りに出されることではじめて市場機能が働くものだ。しかし、日銀がいったん市場から買い入れた国債は、中途売却が難しい。異次元緩和が撤廃されたあとも、日銀が保有国債の中途売却を諦め、大量の国債を保有し続ける限り、市場機能のゆがみは残る。イールド・カーブ・コントロールはそうした危うさを秘めた政策だった。

オーバーシュート型コミットメント

16年9月、日銀は、イールド・カーブ・コントロールの導入とともに、「オーバーシュート型コミットメント」と称する政策方針も打ち出した。

オーバーシュート型コミットメントとは、物価上昇率が目標値に到達するだけでなく、目標値を物価上昇率の実績が安定的に超えるまで、異次元緩和を続けるという日銀の約束をいう。その分、人々は金融緩和の期間が長引くと予想するようになり、緩和効果が一層高まるとの理屈である。

「オーバーシュート型コミットメント」は、日銀が政策手法の一つと位置づける「フォワードガイダンス」の一種とみなすこともできる。フォワードガイダンスとは、将来、どのような条件が整えば金融政策の変更があるかを言葉で示すもので、誤った市場の憶測を避ける狙いがある。16年9月のオーバーシュート型コミットメントは「持続的、安定的な物価目標2％の達成」との文言と相まって、物価上昇率の実績が2％を超えても、それだけでただちに政策変更が行われるものでないことを示す指針であり、実質的にフォワードガイダンスの役割を果たすものだった。

ただし、オーバーシュート（overshoot）は、文字通り「行き過ぎ」を意味する。金融緩和の効果を足元で強める効果があるとしても、物価上昇率が目標を行き過ぎるまで利上げを待つことはリスクを伴う。次章で詳しく述べるように、米国FRB（連邦準備制度理事会）は2020年8月に、新型コロナ対応として「平均物価目標」という名の一種のオーバーシュート型コミットメントを導入した。しかし、これが金融引き締めを遅らせ、その後の急激な金利引き上げと一部地銀の経営行き詰まりをもたらした。

リスクは、緩和終了が遅れて物価の高騰が制御できなくなることだけではない。海外の景気・金利サイクルと、国内の利上げのサイクルがずれることで、世界経済の悪化が先んじて進み、日本で金融正常化を進められないリスクも想定しておかなければならない。24年8月の米国の景気後退懸念の台頭と日銀の利上げをきっかけとする株価の急落は、そうしたリスクを改めて想起させるものだった。「オーバーシュート型コミットメント」とは、それらのリスクを孕んだ政策だった。

第2の柱「2年程度での目標達成」の撤回

2018年4月、日銀は異次元緩和の第2の柱である「（物価目標の）達成期限は『2年』を念頭にできるだけ早期に」も撤回した。それまでは、目標の達成期限を漸次先延ばししながら、「2年程度」を維持し続けていた。しかし、この柱はすでに朽ちており、さすがの日銀も撤回せざるをえなくなった。その後、日銀は、ただ「粘り強く金融緩和を続ける」とだけ述べるようになった。

先行きの達成が見通せない以上、撤回は当然だった。しかし、この方針転換は、異次元緩和が依拠してきた理屈がきわめて脆弱であったことを示す出来事だった。「2年程度」の柱を撤回するのであれば、やはりなぜ物価目標が5年間も達成できなかったのかを深掘りする必要があった。

柱の撤回は、要は、異次元緩和が人々のインフレ心理を変える効果に乏しいこと、また、物価上昇率が低いのは金融緩和の不足でなく、企業の生産性の低い伸びに起因していることの反映だった。実際、その後の日銀の説明は、「金融政策で人々の期待（インフレ心理）を変えてみせる」から、「日本経済の構造変化が起きたときにこれを支えるための金融緩和」とのニュアンスに変わっていった。ならば、これまでのように長期国債やリスク性資産の大量の買い入れを続けていてよいかどうかが問われなければならなかった。しかし、第7章で述べるように、第2の柱の撤回はおざなりな説明に終始し、さらに6年の歳月が過ぎていった（前掲図表2－1、2－2）。

新型コロナ対応と副作用対策

２０２０年の初頭から、新型コロナウイルスの感染拡大に伴い、世界経済も日本経済も停滞した。金融市場では米ドル市場の需給がひっ迫し、日銀は、ドル資金調達にかかる6中央銀行の協調行動に加わった。

また、経済の停滞を踏まえ、国内市場でも多くの措置を講じた。なかでも、「新型コロナウイルス感染症対応金融支援特別オペ」（通称コロナオペ）の導入や、ＥＴＦ、Ｊ－ＲＥＩＴやＣＰ、社債の買い入れ増額など、民間企業に対する直接的な支援が多かった。日銀は、以前から、緊急事態が生じた際には、非伝統的な手段を駆使して市場の不安の払拭に努めてきた。新型コロナの感染拡大にあっても、そうした措置がとられたと評価できる。

こうした事態が生じた際に常に課題となるのは、いつ緊急措置を解除するかである。とくに新型コロナ下の措置は、企業の債務を担保にゼロ％の金利で日銀が金融機関に貸し付けるものであり、長く続ければ市場機能が阻害されることは明らかだった。こうした特別な支援措置は緊急時の初期動作として一定範囲で許されるが、経済が回復に向かう時点では極力早期に解除する必要がある。

結局、日銀はコロナオペを約3年続けたのちに解除した。やや長い印象があるが、もともと異次元緩和は金融機関に大きな負担を課す政策だったために、そうまでしなければ、

	2018年度	2019年度	2020年度	2021年度	2022年度
実質GDP成長率(%)	0.2	**-0.8**	**-3.9**	3.0	1.7
消費者物価指数前年度比(生鮮食品を除く総合%)	0.8	0.6(注)	**-0.4**	0.1	3.0
完全失業率(%)	2.4	2.3	2.9	2.8	2.6
短期金利(無担保コールO/N物レート、年度末、%)	**-0.060**	**-0.070**	**-0.044**	**-0.020**	**-0.030**
長期金利(10年物長期国債利回り、年度末、%)	**-0.082**	0.031	0.104	0.218	0.389
ドル・円相場(年度末、1ドル=円)	110.92	108.70	110.70	122.40	133.48

注：2019年10月に消費増税（8％→10％）あり

図表2-9　黒田日銀総裁時代（後期）の日本経済のパフォーマンス

（出所）内閣府「国民経済計算」、総務省統計局「消費者物価指数」「労働力調査」、財務省「国債金利情報」、日本銀行「無担保コールO/N物レート」「外国為替市況」をもとに著者作成

金融機関は積極的に貸し出しを行える状態になかったことの証しでもあった。

副作用対策としての施策の手直し

２０２１年以降の政策は、むしろ異次元緩和の副作用対策としての色合いを強めていく。その後23年５月に行われた新型コロナの５類感染症移行までの期間は、日本全体が強い警戒感に覆われる一方で、世界的な物価高騰を受け、国内の物価も２％を超えてきた（**図表２-９**）。異次元緩和の副作用も一段と意識されるようになり、政策は分岐点に立たされた。

①金融機関への収益支援

金融機関は異次元緩和のもとで低採算にあえぎ、低利の貸し出しに応じにくい状況にあった。

そうしたもとで、日銀は20年11月、金融システム政策上の措置として、「地域金融強化のための特別当座預金制度」を導入した。経営統合や、経費を大幅に削減して経営基盤の強化を図った地域金融機関に対し、当座預金（基礎残高およびマクロ加算残高の合計〈所要準備額を除く〉）に、プラス0・1％の金利を上乗せする制度で、収益支援と引き換えに構造改革を促す狙いだった。

さらに21年3月、今度は金融政策上の措置として、貸出促進付利制度を創設した。この制度は、すでに実施してきたコロナオペや、その他の融資制度（貸出支援基金、被災地金融機関支援オペ）を統合し、カテゴリー別に一定の金利（インセンティブ）を付利するものだった。狙いは市中貸出の促進である。

金融機関に対するプラスの金利付利は、マイナス金利付利の効果を相殺するものであり、政策の一貫性が問われかねないものだったが、それだけ異次元緩和による金融機関の負担は重いものとなっていた。異次元緩和が限界に直面していたことは間違いない。

②ＥＴＦ、Ｊ－ＲＥＩＴの買い入れ方針の変更

２０２１年３月の金融政策決定会合では、貸出促進付利制度の導入だけでなく、ＥＴＦおよびＪ－ＲＥＩＴの買い入れ方針も変更し、「必要に応じて行う」とした。「必要に応じ

て買い入れを行う」とは分かりにくい表現だが、端的に言えば、これまでのような恒常的な買い入れは行わないとのメッセージだった。実際、これを機に、日銀のＥＴＦ買い入れ額は大幅に減少した。

③長期金利の変動幅の拡充

また、２０２１年３月の決定には、長期金利の変動幅の明示も盛り込まれた。それまで長期金利の誘導方針は、「10年物国債金利がゼロ％程度で推移するよう、買い入れを行う」とだけ述べ、「ゼロ％程度」がどれぐらいの幅かは明示してこなかった。当時の大方の理解は±０・１％程度だったと推察されるが、その幅が「±０・２５％程度」であると明示された。

その後、日銀は、２０２２年12月に長期金利の変動幅を「±０・５％程度」に、また23年7月には事実上「±１・０％程度」に拡大し、さらに同年10月には「±１・０％程度」の変動幅も柔軟に運用していく方針を明らかにした。23年7月、10月の長期金利変動幅の拡大は、植田日銀発足後の対応である。植田総裁は、就任以前から、長期金利を無理やり抑え込むことに伴う市場機能の悪影響を懸念してきたと言われており、変動幅の拡充はそうした認識のもとでの対応だったのだろう。

異次元緩和の解除

２０２４年３月、日銀はついに異次元緩和を解除した。ロシアのウクライナ侵攻をきっかけとする世界的な物価の上昇に加えて、国内の労働力不足の高まりを背景に、物価は２年近くにわたり前年同月比２％超えが続いていた。日銀は、物価目標２％の持続的、安定的な実現が見通せる状況になったとの判断のもと、以下の施策を決定した。

◆マイナス金利政策をとりやめ、短期金利の誘導目標を０～０・１％程度に引き上げる。

◆長期金利の誘導をとりやめる。すなわち、イールド・カーブ・コントロールを撤廃し、金融調節は短期金利の誘導に一本化する。

◆金融緩和の方針は維持し、これまでと同程度の金額（月間約６兆円）の長期国債買い入れを継続する。長期金利が急激に上昇する場合は、機動的に買い入れ額の増額などを実施する。

◆ＥＴＦ、Ｊ－ＲＥＩＴの買い入れを停止する。

◆ＣＰ、社債等の買い入れも１年後をめどに終了する。

さらに24年7月、日銀は短期金利の引き上げと長期国債の買い入れ減額を決定した。

◆短期金利の誘導目標を、0〜0・1%程度から0・25%程度に引き上げる。

◆月間の長期国債の買い入れ予定額を、2024年7月の5・7兆円程度から毎四半期4000億円程度ずつ減額し、26年1〜3月には3兆円程度とする。

植田総裁は3月の金融政策決定会合後の記者会見で、「普通の金融政策を行っていくことになるかと思う」と表明しており、7月の決定はそうした考えに沿うものと理解された。しかし、日銀は、24年7月末現在で約590兆円もの長期国債と簿価約37兆円のETFを保有している。先行き2年間の長期国債買い入れの減額計画を示した植田日銀だが、その先、どこまで国債保有残高を圧縮していくかの方針は明示しておらず、ETFに至っては、今後の取り扱いについて一切言及していない。

黒田前総裁は、異次元緩和の出口戦略を質問される度に、時期尚早として回答を避けたが、植田日銀も、出口戦略に関する長期ビジョンを未だ示せずにいる。異次元緩和はそれほど後先《あとさき》を考えずに続けられた政策だったように見えてならない。

あとから振り返ってみて、ここまで国債やETFの残高が膨らむ前に、異次元緩和を修正する機会はなかったのだろうか。チャンスがあったとすれば、異次元緩和の基本的な「柱」の見直しとなった2016年の量重視から金利重視への方針転換、あるいは2018年の目標達成期限「2年程度」の撤回のタイミングだっただろう。しかし、そうはならなかった。

なぜ途中で引き返せなかったかは、改めて第7章で詳しく見るが、これをやめるには第1の柱である物価目標2%が達成されるか、異次元緩和を全否定するかのいずれかしかなかった。結局、途中で引き返すことなく、負の遺産が植田日銀のもとに残されることとなった。

第３章

異次元緩和の「罪」　その１
すべては物価目標２％の絶対視から始まった

マクナマラの誤謬

数字にばかりこだわり物事の全体像を見失うことを「マクナマラの誤謬《ごびゅう》」という。

マクナマラとは、ケネディ政権下で国防長官を務めたロバート・S・マクナマラに由来する。若き頃から神童と呼ばれたマクナマラは、カリフォルニア大学、ハーヴァード大学に学び、ビッグ3の一翼を担う巨大自動車メーカー、フォードに入社。ほどなく重役になり、44歳にして社長に上り詰めた。

そして、マクナマラは、ケネディ政権成立とともに国防長官に抜擢された。経営者時代に培った近代経営学的手法を駆使して、陸海空三軍に予算配分方式を導入、国防計画に〈費用―効果分析〉の手法を導入した。ベトナム戦争が「マクナマラの戦争」と呼ばれたように、ケネディ政権下の軍事介入開始からジョンソン政権における介入の本格化までの政策を主導した。

マクナマラは、得意のデータ分析を駆使して、「北爆」と呼ばれる大規模爆撃を敢行。多数の兵力を投入し、ベトナム戦争に勝利しようとしたが、ベトナム人の激しい抵抗を受けて、戦争は長期化し、推定で、アメリカ陣営が戦死者20万〜25万人、北ベトナム・解放戦線側が戦死者約110万人、民間人の死傷者が約200万人という泥沼の戦争を招いた。

2023年にNHKが放送したテレビ番組「映像の世紀　バタフライエフェクト：ベトナム戦争　マクナマラの誤謬」によると、マクナマラは、米国が支援する南ベトナム軍とこれに対抗する南ベトナム解放戦線（ベトコン）の戦闘について、ベトコン側の兵士の死者数を数えれば、相手勢力の能力低下の度合いを測定できると考えた。そこで戦争遂行の目標に敵兵士の死者数を掲げて、ついには、米国の各軍隊に敵兵士の死者数を数えるための将校を配置したという。

米国ハーヴァード大学のビジネススクールで一時教鞭をとったエリートらしい合理的な理論と実践だったが、ベトナムでは愛国心をもつ多くの人民がベトコン側につき、ゲリラ活動でアメリカ・南ベトナム連合軍に抵抗した。米国内では厭戦気分が広がり、各地で反戦運動が高まった。マクナマラにとって、ベトナム人民やアメリカ国民の心の動きは計算外だった。

結局、アメリカ軍は1973年、ベトナムから撤退を開始。1975年に南ベトナム解放戦線の手によってサイゴン（現ホーチミン市）は陥落し、ベトナム戦争が終結した。

「物価2％」への特異なこだわり

経済政策は、戦争とは違う。しかし、「マクナマラの誤謬」にある「数字にばかりこだわり物事の全体像を見失う」との文脈は、日銀の異次元緩和を想起させる。物価目標という数値を追い求めるあまり、財政ファイナンスに酷似した国債買い入れが11年にわたって行われた。その結果、市場機能が著しく低下した。

物価目標政策の歴史を辿っても、これほど目標数値を絶対視した政策運営は他にほとんど例がない。あえて言えば、２０２０年8月以降に米国ＦＲＢ（米国連邦準備制度理事会）が採用した「平均物価目標２％」ぐらいだが、ＦＲＢは採用直後から物価高騰に見舞われてしまった。

黒田日銀が目標数値に固執したのには、理由がある。

それ以前の白川総裁時代の日銀は、具体的な数値を物価目標として掲げることに慎重だった。いったん「目標」として掲げると、目標数値が独り歩きし、目標達成のために無謀な試みも行わざるをえなくなるとの懸念をもったからだ。

リフレ派は、日銀のこの慎重姿勢を徹底的に攻撃した。異次元緩和は従来の日銀の姿勢に対するアンチテーゼ（対立軸）の色合いが濃かっただけに、ここでも数値目標にこだわる姿勢がことさら強調された。また、「国民の期待（インフレ心理）を変える」ことが異次元緩和の効果を生む重要な経路とされたため、数値目標を明確にし、目標の達成をはっきりと約束することが重視された。こうして目標値「２％」を絶対視する政策体系が出来上がった。

「国民の期待（インフレ心理）を変えること」を政策の主軸とする限り、自らの政策スタンスをぶれさせるわけにはいかなかった。異次元緩和は、その性格上、自省のメカニズムが働きにくい政策だった。そうして11年の歳月が流れた。

以下、物価目標をめぐる日銀の姿勢の変遷を振り返ったあと、「2％」という数値自体にさほど強い根拠がないこと、柔軟な目標運用から厳格な「平均2％」の追求に切り替えた途端に失敗した米国の例などを踏まえ、物価目標にかかる教訓を述べてみたい。

物価目標をめぐる日銀の姿勢の変遷

物価上昇率の目標数値をどこに定めるかは、厄介な問題である。とりわけ、日本のように低インフレの国にとっては、そうだ。

高インフレの国ならば、目標数値がどこであれ、大きな方向感の共有は比較的たやすい。二桁インフレに悩む国にとっては、物価目標が2％であれ4％であれ、目標に近づくだけで大きな成果となる。

実際、物価目標政策（インフレターゲティング）は、執拗なインフレーションに苦しむ国の中央銀行が始めた政策だった。1990年にニュージーランドが導入したのをきっかけに、カナダ、英国などが採用に踏み切った（図表3－1）。

１９９０年代は、東西冷戦の終結をきっかけに経済のグローバリゼーション（国際化）が進み、新興国から安価で良質な製品が世界中に供給されるようになった。そうした環境の好転にも恵まれ、物価目標の導入国でインフレ率が低下し、目標政策を採用する国がさらに増えていった。

だが、物価上昇率が低下したあと、どの数値が最も望ましい物価上昇率かは本来難しいテーマだった。とくに、日本のように物価上昇率がすでにゼロ近傍で推移していた国では、高めの数値を厳格に追求しようとすれば、多大な副作用を伴う政策手段に頼らざるをえなくなるリスクがあった。

一方、世界では、政策当局に対して具体的な目標の開示を求める傾向が強まっていた。政策を国民に分かりやすく伝えるのも、中央銀行の責任である。その狭間にあって、過去の日銀は、数値目標の設定をめぐり幾度か方針を変えてきた（図表3－2）。

２０００年代の日銀は、厳密な物価目標の設定には懐疑的だった。それでも「分かりやすさ」を重視し、２００６年3月、「中長期的な物価安定の理解」との表現を用いて、これを「消費者物価指数の前年比0～2％程度で、中心値は概ね1％前後」とした。

２０１２年2月には、「中長期的な物価安定の目途」との表現を用いて、「物価上昇率2

	採用年	目標値	対象とする物価指標(注2)
ニュージーランド	1988年	2%を中心に1〜3%	CPI総合
カナダ	1991年	2±1%	CPI総合
英国	1992年	2%	CPI総合
ユーロ圏	1999年	2%(2021年〜)、それ以前は「数値的な定義 (quantitative definition)」として「2%未満かつ2%近傍」	HICP総合(注3)
米国(注1)	2012年	長期的なゴール(goal)として2%、2020年8月に「平均物価目標 (flexible form of average inflation targeting) 2%」を導入	PCEデフレーター総合(注4)
日本	2013年	2%	CPI総合

注1：米国は、物価の安定と雇用の最大化という目的と整合的なインフレ率を「goal」と表現
注2：多くの国は物価目標を「中期的に目指す目標」としており、毎回の金融政策の決定に当たっては、短期的な振れの小さい指標を重視している。米国のPCEデフレーター（食料品、エネルギーを除く総合）や日本の消費者物価指数（生鮮食品を除く総合）がこれに当たる
注3：HICPとは、CPIの各国比較を可能にするため、作成方法を共通化した消費者物価指数(Harmonized Index of Consumer Price)
注4：PCEデフレーターとは、個人消費支出デフレーター(Personal Consumption Expenditure Deflator)をいい、実質GDPの計測の際に用いられるもの

図表3-1　主要国の物価目標政策

(出所) 日本銀行「『物価の安定』についての考え方」(2006年3月) などをもとに、著者作成

%以下のプラスの領域」としつつ、「当面は1%を目途とする」と表明した。

さらに2013年1月、政府との共同声明を発表するタイミングで、日銀は物価上昇率2%を「物価安定の目標」と決定した。ただし、その際も、白川日銀は「デフレからの早期脱却と物価安定のもとでの持続的な経済成長の実現には、幅広い主体による成長力強化の取り組みも重要」とし、物価目標の達成には金融政策以外の努力も不可欠としていた（2013年1月22日「金融政策運営の枠組みのもとでの『物価安定の目標』について」）。

2006年3月 **「物価の安定」についての考え方**
⇩「物価の安定」とは、家計や企業等の様々な経済主体が物価水準の変動に煩わされることなく、消費や投資などの経済活動にかかる意思決定を行うことができる状況。 ➡消費者物価指数の前年比が**0〜2％程度**であれば、政策委員の**「中長期的な物価安定の理解」**の範囲と大きくは異ならない。委員の中心値は、大勢として、**概ね1％の前後で分散**している。
2012年2月 **「中長期的な物価安定の目途」について**
⇩「中長期的な物価安定の目途」は、中長期的に持続可能な物価の安定と整合的と判断する物価上昇率を示したもの。 ➡**「中長期的な物価安定の目途」**について、日本銀行は、消費者物価の前年比上昇率で**2％以下のプラスの領域**にあると判断しており、当面は**1％を目途**とする。
2013年1月 **金融政策運営の枠組みのもとでの「物価安定の目標」について**
⇩「物価安定の目標」は、持続可能な物価の安定と整合的と判断する物価上昇率を示したもの。 ➡今後、**日本経済の競争力と成長力の強化に向けた幅広い主体の取り組みの進展に伴い、持続可能な物価の安定と整合的な物価上昇率が高まっていく**と認識。この認識に立って、**「物価安定の目標」**を消費者物価の前年比上昇率で**2％**とする。

図表3-2 「物価の安定」をめぐる日本銀行の考え方の変遷

（出所）日本銀行の公表文をもとに著者作成

同年4月に黒田総裁下で始めた異次元緩和は、こうした日銀の慎重姿勢を根こそぎ変え、「2％」目標を厳格に追求する姿勢を鮮明にした。

強固でない「2％」の根拠　①物価指数の上方バイアス

しかし、目標数値「2％」にそこまで強い根拠があるわけではない。当初根拠としてあげられたのは、①物価指数には統計上の「上方バイアス」があるため、目標はこれを織り込んで高めの数値とする必要があること、②将来の金利引き下げの余地を作るため、いわゆる「糊《のり》しろ」として2％を確保する必要があること、③2％は世界共通のグローバルスタンダードであることの3点だった。このうち、最近まで強く主張されてきたのは、②の「糊しろ」論と③の「グローバルスタンダード」論である。

①の「上方バイアス」論について、簡単に触れておこう。世の中に出回る商品は、通常、時間をかけて品質の改良が加えられていく。しかし、品質の改良分が必ず価格に転嫁されるとは限らない。

例えば、デジタルカメラの新機種の画素数が増えても、値段が変わらないケースも多い。本来ならば品質（画素数）の向上分だけ、価格が上がってもおかしくないが、価格は据え置かれている。観念的には値下げに等しい。しかし、物価指数には反映されない。実質的な値下げが行われているにもかかわらず、物価指数はそのまま変わらないという状態だ。すなわち統計上の物価指数は、実態よりも高くなっているわけだ。これを統計上の「上方バイアス」と呼ぶ。この統計上のバイアスを踏まえ、物価目標をあえて高めに設定しておく必要があるというのが、上方バイアス論だった。

しかし、統計の作成主体である総務省は、こうした実態を踏まえ、調査対象銘柄の入れ替えが行われる際に、「品質調整」という作業を行って「上方バイアス」が極力小さくなるように調整している。デジタルカメラの例で言えば、画素数の品質向上分だけ、対象銘柄の価格指数を調整して、対象品目の旧銘柄と新銘柄の間のつながりをよくしている。日本の統計作成の精度は海外に比べても高いといわれており、最近は物価目標「2％」の根拠として「上方バイアス」を取り上げる議論は減っている。

もちろん、品質調整ですべての品質変化をカバーできるわけではない。また、価格には「下方バイアス」もある。お菓子の大袋の中に収められた小袋の数が減らされたケースを考えてみよう。これまで10個の小袋だったものを9個にして同じ値段で売っていれば、実質的には値上げである。表面上の価格が変わらなければ、物価指数は実態よりも低くなっている。すなわち、「下方バイアス」が働いている。

品質調整を通じて、これらのバイアスをできる限り中立化する努力は重要だ。だが、どんなに中立化の努力を行っても、統計技術的にある程度実態と乖離することは避けがたい。物価目標を掲げる場合も、統計のクセ（傾向）を理解し、常に幅をもってみる必要がある。物価目標の扱いは、本来そのような柔軟な見方が必要だった。

強固でない「2％」の根拠　②「糊しろ」論

②の「糊しろ」論は、将来の金融緩和の余地を確保しておくために、プラスの物価上昇率を確保すべきという議論である。

将来の金融緩和のために、金利の引き下げ余地があれば、政策運営がやりやすくなるのは事実だろう。この引き下げ余地を「糊しろ」と呼ぶ。

市場金利は、将来の物価上昇に関する市場の予想を織り込んで変動するので、金利に「糊しろ」をつくりたいのであれば、その分高めの物価上昇が必要となる。物価目標の設定も、あらかじめ「糊しろ」分を織り込んで、プラスの設定としておくことが必要だ――これが「糊しろ」論である。

しかし、「〈糊しろ〉に対応する物価上昇率」と「その実現を金融政策がどこまで負担できるか」は切り分けて考える必要がある。

前述したように、２０１３年1月に初めて「２％」を物価目標として掲げた際には、白川日銀は「幅広い主体による成長力強化の取り組みも重要」とし、金融政策単独では「2％」の達成は難しいと考えていた節がある。これに対して黒田日銀は、物価目標の達成は日銀が負う唯一無二の責任とし、金融政策単独で実現できるとの姿勢を明確にした。

黒田日銀が推進した異次元緩和は、将来的な「糊しろ」を確保するために、あえて、一時的に、自ら「糊しろ」部分をすべて削ることで安定的な物価上昇を促そうとしたものだった。わずかな「糊しろ」を一時的に放棄することで、将来的により大きな「糊しろ」を確保しようとしたと言える。だが、経済は日銀の期待通りには進まず、11年も異次元緩和を続けることになった。

2024年3月、異次元緩和にようやく終止符が打たれたが、その結果実現する短期金利の「糊しろ」の幅は、同年7月の利上げ後もわずか0・25％にとどまる。今後拡大するとしても、第6章で述べるように、せいぜい1％以下、場合によってはそれよりも小さな幅となる可能性がある。

「糊しろ」を11年間100％削って得た結果が、せいぜい1％以下の「糊しろ」というのでは、何をやってきたのかが分からない。物価目標「2％」の根拠としては、脆弱に過ぎる。そもそも「糊しろ」は、インフレではなく、実質GDP成長率の引き上げで確保する道があり、むしろその方が王道というべきだろう。

強固でない「2%」の根拠　③グローバルスタンダード

「2%はグローバルスタンダード」と呼ぶのは、間違いではない。世界のほとんどの中央銀行が物価目標を「2%」に設定している。ただし、日本のように物価目標を絶対視して、厳格に運用した例は他にほとんどない。各国とも柔軟な運用を行ってきた。

米国FRBは、2012年1月にPCE（個人消費支出）デフレーターの前年比2%を「物価上昇率の長期的なgoal（a longer-run goal of inflation）」として採用し、毎回の政策決定に当たっては、短期的に振れの大きい食料品とエネルギーを除く「コアPCEデフレーター」を重視するとした。

もっとも、米国のコアPCEデフレーター（前年比、以下同じ）の実績は、高インフレが収束した1990年代半ば以降、ほとんどの期間で1%台だった**（図表3－3）**。2%を超えたのは、1996年以降の27年間で、①2005～07年と②2021～23年の2回、あわせて6年だけだった。

このうち2005～07年は、リーマンショック前の景気過熱期に当たる。この3年間のコアPCEデフレーターの上昇率は平均2・3%と、2%をわずかに上回るだけだった。にもかかわらず、住宅バブルを発生させた。住宅バブルの崩壊はその後リーマンショック

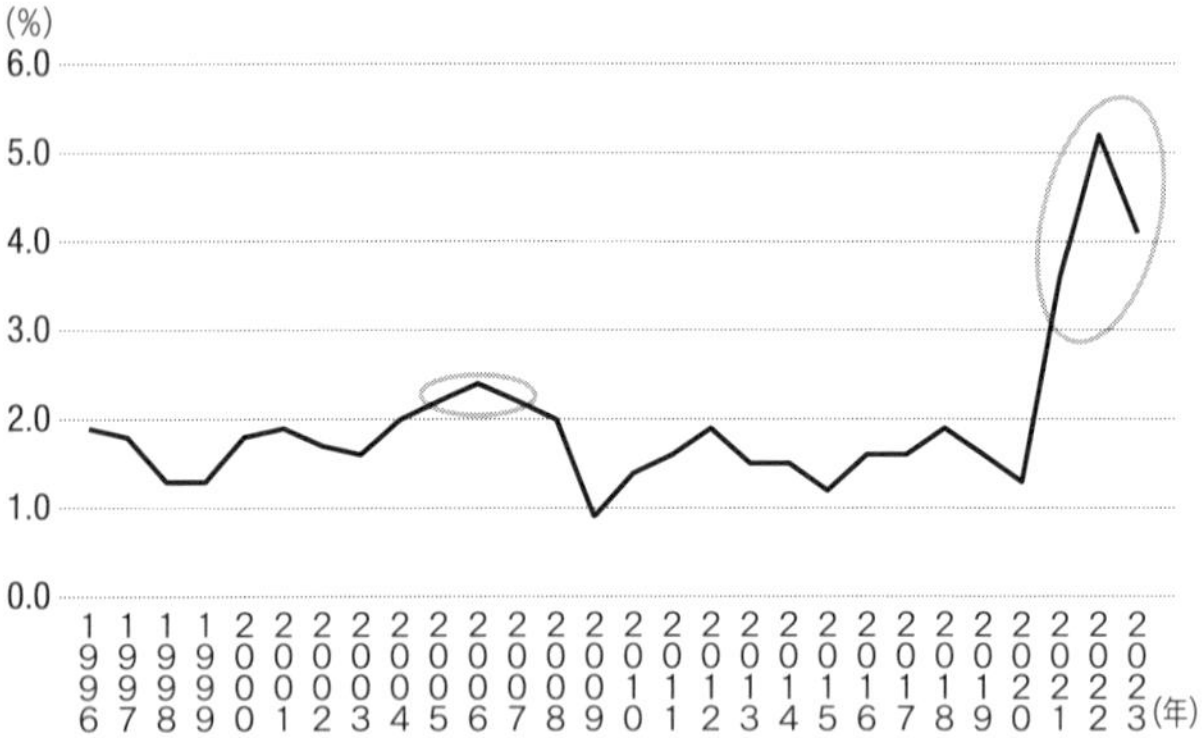

図表3-3　米国物価（コアPCEデフレーター）前年比の推移

（出所）セントルイス連邦準備銀行「FRED（経済データ集）」からデータを入手。原データは米商務省。以上をもとに著者作成

を引き起こし、世界的な金融システム不安と景気の後退へとつながった。

以後、２％を超えたのは今回の物価高騰期だけである。客観的にみれば、コアＰＣＥデフレーターの２％超えは米国にとって危険信号であり、むしろ深刻なリスクと表裏一体の関係にある。良好な経済パフォーマンスと整合的な米国の物価上昇率は、２％というよりも、１％台半ばだった。

それでも、ＦＲＢの掲げる2％はあくまで「長期的なgoal」との位置付けだった。コアＰＣＥデフレーターの１％台が長く続いてもＦＲＢにとっては許容範囲内であり、これを受け入れる柔軟な運営が続けられていた。日本のように物価指数を絶対視する姿勢は、決してグローバルなスタンダードではなかった。

失敗だった米国の「平均物価目標2％」

ところが、2020年初めの新型コロナ感染の拡大をきっかけに、FRBはスタンスを大きく変えた。失業率が大幅に上昇し、コアPCEデフレーターも、瞬間風速（前月比）でゼロ％を割り込む月が出てきた。財政面からは巨額の支出が施され、FRBも政策金利を引き下げるとともに、量的緩和政策を復活させた。

さらにFRBは、2020年8月、従来の物価目標政策を改め、「平均物価目標（flexible form of average inflation targeting）」を導入した。「一定期間の平均で物価目標の達成を目指す」とする考え方で、2％を下回る物価が一定期間続く場合には、これを補うように次の期間は2％を緩やかに超えるインフレ率（moderately above 2%）を目指すというものだった。長期的なgoalとしての物価2％を補完するかたちで、事実上、短中期的に達成すべき目標として平均2％を付け加えた。

これには目標としてのコミットメント（約束）を強める狙いがあり、日本銀行が掲げる「オーバーシュート型コミットメント」に似た措置だった。

しかし、この政策変更が裏目に出た。新型コロナ感染が一服しつつあった2021年春には国内需要は急回復し、供給不足と相まって物価は2％を超えた。それでも、FRBは

「平均物価目標2%」の考え方に沿い、大規模な金融緩和を継続した。

結局、利上げの開始は、2022年3月にずれ込んだ（国債等買い入れ額の縮小開始は2021年11月）。このころにはロシアのウクライナ侵攻もあり、物価の上昇に弾みがついていた。結局、2022年中の物価は前年比5%を超え、40年振りの高インフレとなった。

この高インフレについて、多くのエコノミストはFRBが物価の先行きを見誤ったものとみなしているが、著者には、「平均物価目標」の導入がインフレ圧力の高まりを見逃すバイアス（偏り）を生んだように見えてならない。前述のとおり、米国のコアPCEデフレーターは長期にわたり前年比1%台で安定を続けていた。にもかかわらず、「一定期間2%を下回る物価が続いたあとは、2%を緩やかに超えるインフレ率を目指す」とのフレームワークは、「物価は2%台で安定するはず」との前提をあらかじめ織り込んでいるように見える。そうした信じ込みが、物価2%超えの背後にあるインフレ圧力の高まりをむしろ好ましい動きと錯覚させる素地となったのだろう。

FOMC[※4]（連邦公開市場委員会）の声明文には、平均物価目標導入直後の2020年9月会合以降、毎回「2%を下回る物価が長く続いたことを受け、2%を緩やかに超えるインフレ率を目指す」との文言が盛り込まれ、2021年11月会合まで続けられた。しかし、現実の物価は、2000年下期には瞬間風速（前月比年率）で2%台半ばを回復。21年春に

※4　FOMC：連邦公開市場委員会。金融政策における短期金利の調節方針を決めるFRBの会合をいい、日本でいえば日銀の金融政策決定会合に当たる。

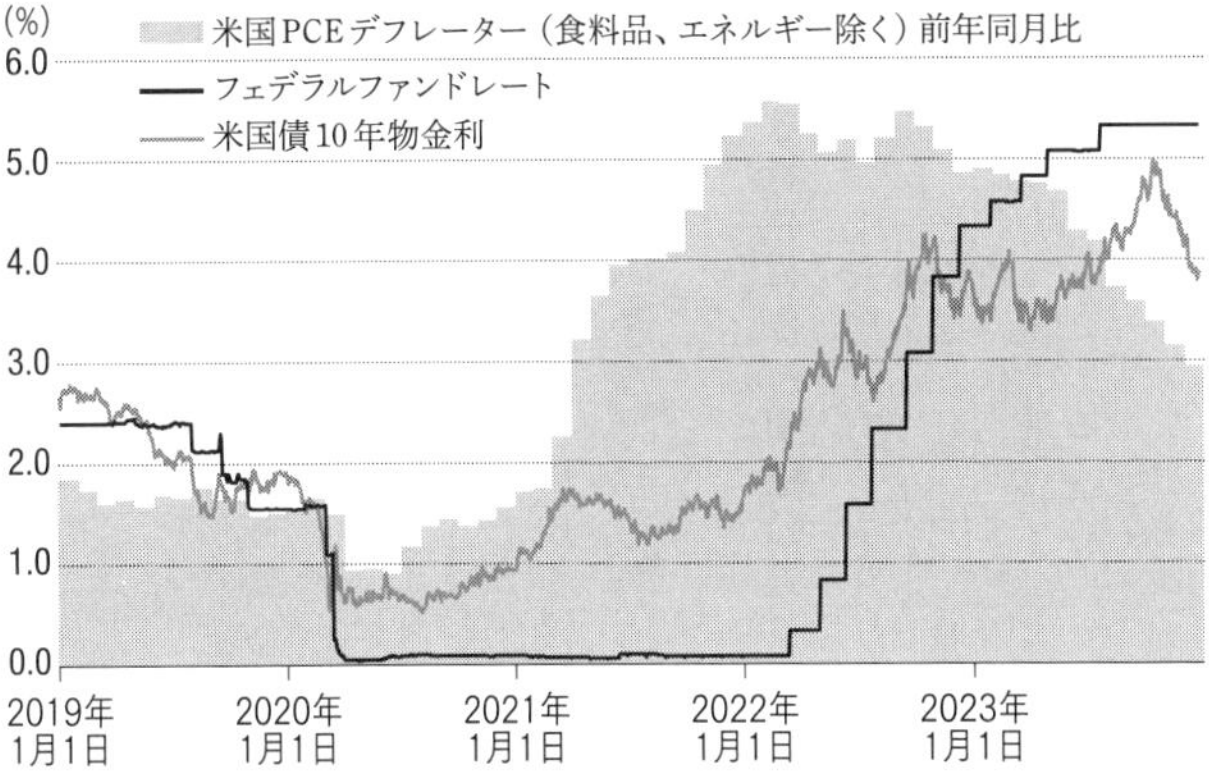

図表3-4　米国：物価と金利の推移

（出所）セントルイス連邦準備銀行「FRED（経済データ集）」からデータを入手。著者作成

は前年同月比でも2％を上回り、夏には4％台まで急上昇していた。いずれもロシアによるウクライナ侵攻以前の出来事である。

もし平均物価目標の導入がなければ、これほどのインフレ圧力の高まりを見逃すことはなかっただろう。FRBが引き締めに舵を切ったのは2022年3月であり、政策転換が1年近く遅れた（**図表3－4**）。その結果、FRBは政策を急転回せざるを得なくなった。

結局、2022年3月から23年7月までの12回のFOMCのうち、計11回利上げを行い、政策金利を当初の0～0・25％から5・25～5・5％まで一挙に引き上げた。

急激な利上げは、地方銀行の保有有価証券に巨額の含み損をもたらし、これが一部銀行の預金流出を引き起こした。2023年3月には、カリフォルニア州の中堅地銀シリコンバレーバンクが破綻し、ニューヨーク州のシグネチャーバンク、カリフォルニア州のファーストリパブリックバンクへと波及した。米国当局は従来禁じ手とされてきた預金の全額保護を打ち出し、事態の鎮静化に努めた。金融システム不安は欧州にも飛び火し、スイスの大手銀行クレディスイスが経営危機に陥り、最大手のUBSに買収された。

物価下落をおそれるあまり導入した「平均物価目標2%」への固執は、大きな痛手となった。2023年以降、米国の物価上昇率はじわじわと低下してきたが、2024年7月のFOMCまではFRBは利下げを見送ってきた。物価上昇率の反転・上昇への懸念と景気後退への懸念の両方を抱え、FRBは正念場に立たされている。

ECBもFRBと同様の失敗

欧州の中央銀行であるECB（欧州中央銀行）の金融政策も、FRBと似た経緯を辿った。同行は、2021年7月、物価目標を従来の「2%未満かつ2%近傍」から「2%」に変更し、物価の一時的な上振れを容認する姿勢を示した。それまでECBは、目指すべき物価を「数値的な定義（quantitative definition）」と呼び、「目標（target）」との位置づけから距離を置いていた。これを、物価目標「2%」への変更とともに、「target」の呼称に変えた。

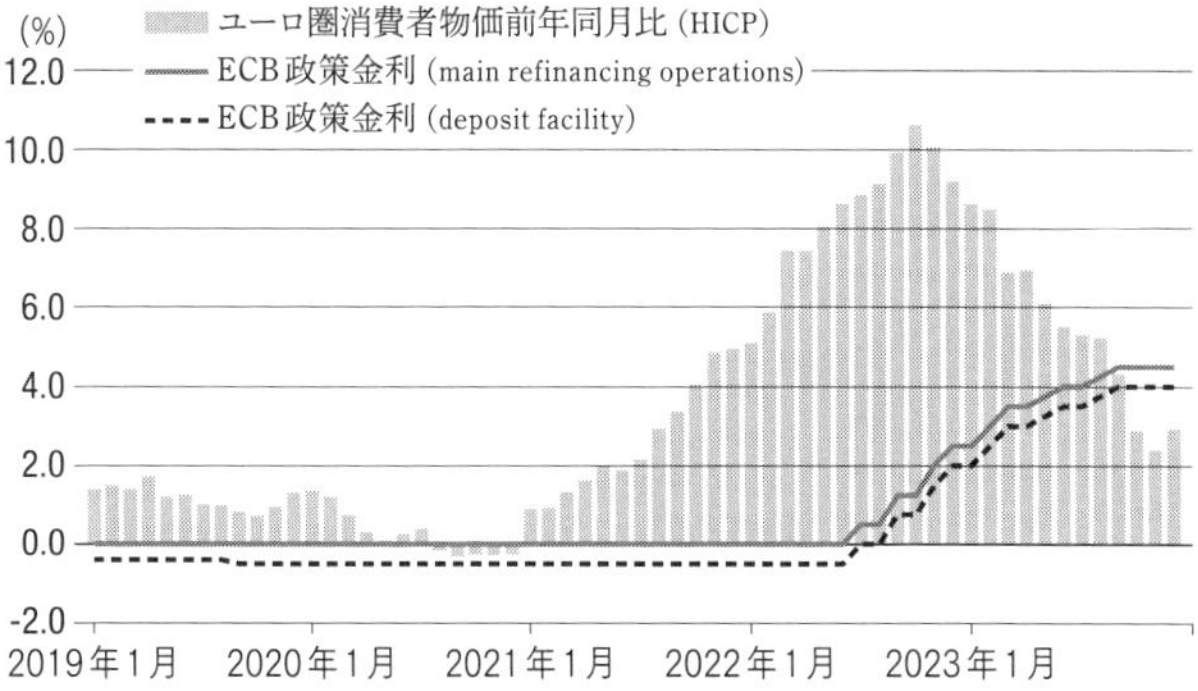

図表3-5　ユーロ圏：物価と政策金利の推移

（出所）ECB Data Portal "Key ECB interest rates" "Inflation and consumer prices" をもとに著者作成

当時、市場はＥＣＢが早めの緩和収束に向かうのではないかとの憶測を強めていた。一方、ＥＣＢは、ＦＲＢと同様に物価上昇率がマイナスに転化することを恐れた。ラガルド総裁は２０２１年７月の記者会見の席上で、物価目標の変更につき、「新たな表現はあいまいさを取り除き、２％が上限ではないと断固として示すもの」と強調した。

しかし、これが裏目に出た。後から振り返れば、ユーロ圏の物価はロシアによるウクライナ侵攻以前の２０２１年夏場以降、明らかな上昇トレンドに入っていた。この結果、ＥＣＢも２０２２年の後半から急激な利上げを余儀なくされた（**図表3－5**）。

米欧ともに、柔軟な運用を心がけていた時期は、物価目標「２％」が機能していたように見えたが、皮肉なことに物価の下落におびえ、厳格な物価目標「2％」の運用を掲げた途端に物価高騰を招いた。

物価目標の運用のあり方とともに、物価上昇率のマイナス転化をどこまでおびえるかが、大きな宿題として残った。後述するように、インド準備銀行（中央銀行）の総裁を務めたシカゴ大学のラグラム・ラジャン教授は、物価上昇率のマイナス転化を過度におびえる中央銀行の姿勢を強く批判している。

日米間には物価格差「1％台の壁」がある

翻って日本はどうだったか。日本の物価動向を検討する際には、海外の物価動向との関係を見過ごすわけにはいかない。日本の物価は海外との連関が強い。実際、日米の物価上昇率をグラフに描くと、長い年月にわたり一定の物価上昇率格差があることが分かる（**図表3－6**）。

日本の物価上昇率は、1978年以降一貫して米国を下回り続けてきた。日本が米国の物価上昇率を上回ったのは、2014年のただ一度だけであり、それも日本で消費増税があった年である。つまり、過去46年間、日米の物価上昇率は事実上、一度として逆転したことがなかった。ちなみに、1996年から2023年までの日米格差は単純平均で1・9％だった（日本で消費増税のあった年を除く）。

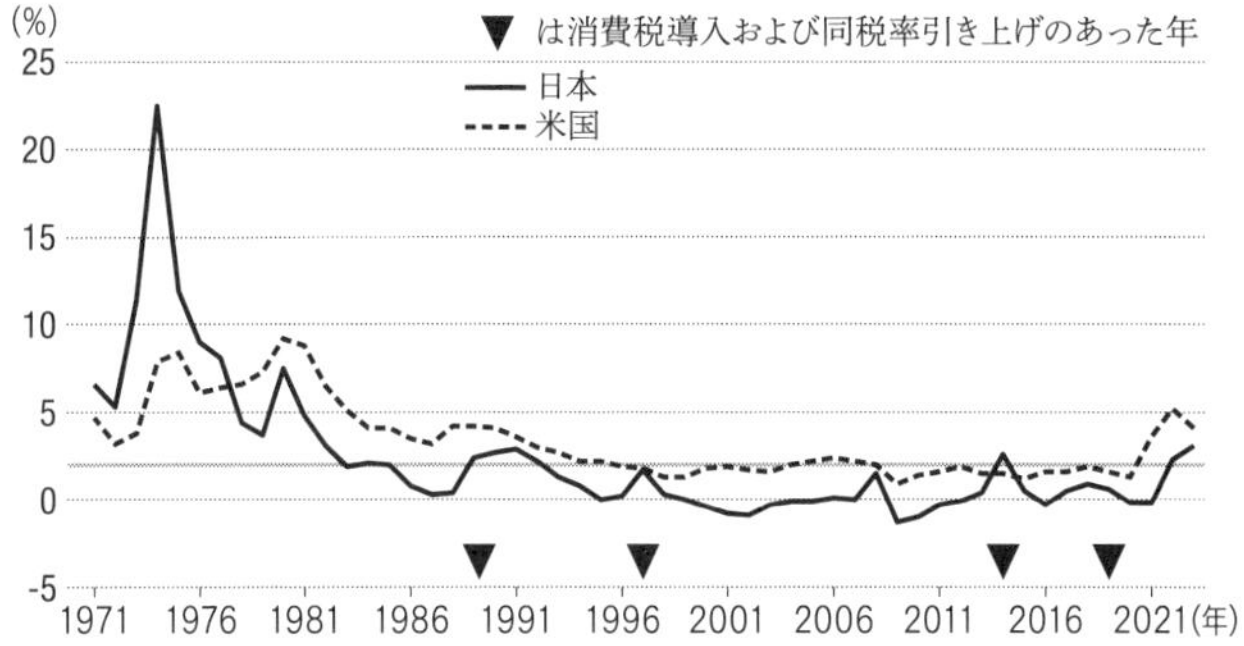

注）日本：コア消費者物価前年比、米国：コアPCEデフレーター前年比

図表3-6　日米の物価上昇率の推移

（出所）日本：総務省統計局「消費者物価指数」、米国：「コアPCEデフレーター」（セントルイス連邦準備銀行「FRED〈経済データ集〉」からデータを入手。原データは米商務省）。以上をもとに著者作成

この日米の経験則を踏まえると、これまでの日本の物価の推移は、次のように解釈することができる。

①1990年代半ばに、日本の物価指数がゼロ%近傍まで低下したのは、米国の物価が1%台半ばまで低下したのと時を同じくしている。

②その後、日本の物価がマイナス幅を拡大することなくゼロ%近傍で低位安定したのも、米国の物価上昇率が安定したことと平仄《ひょうそく》があう。

③2022年4月以降、日本の物価が日標値2%を超えたのは、米国の物価が目標2%から大きく乖離し、一時5%台まで高騰したのとタイミングを同じくしている。

④その後、米国の物価上昇率は鈍化し、日本は逆に高まったが、それでも両者の差はせいぜいゼロ%程度にとどまっている。

今後もこの経験則が生き続けるとすれば、日銀がグローバルスタンダードと呼ぶ「物価目標2％」を日米が同時達成することは簡単ではない。米国物価が2％近傍まで低下すれば、日本は2％を割り込む可能性が高まる。

言い換えれば、日銀が期待するように日本の物価が持続的、安定的に2％を達成できるかどうかは、日米格差「1％台の壁」が崩れるかどうかによる。しかし、この判断は、容易でない。「1％台の壁」が何に起因するかは、ほとんど語られてこなかったからだ。

日銀は、黒田体制下の10年間「デフレ心理が根強く残っている」との説明の一点張りだった。後半には「日本には物価も賃金も上がらないとのノルム（社会通念）がある」との言い回しを使うようになったが、どちらも物価の事後的な解釈を提示するばかりで、将来の政策の手がかりとはならなかった。

深掘りすべきなのは、「デフレ心理」や「ノルム」の背後にある社会経済的な要因が何かである。日銀がしばしば指摘してきた「物価と賃金の好循環」を生むのは、突き詰めていえば、企業の生産性の向上である。企業の収益率が上がらなければ、賃上げは長続きしない。

そう考えれば、これほどの長期にわたり異次元緩和を続けても物価が上がらなかったのは、生産性の伸び率が低水準にとどまったからにほかならない。心理的要素が強く、計測困難な「ノルム」で語るよりは、生産性の動向やその背後にある要因を探る方がはるかに政策論としては意味があるだろう。日本で物価2％に定着するかどうかは、生産性が向上し、賃金の持続的な上昇を期待できるかどうかによる。生産性向上を伴わない物価と賃金の上昇は、好循環ではなく悪循環であり、1970年代前半に経験したように経済の根幹を傷つける。日本経済にとって大切なのは、物価目標2％の達成ではなく、生産性の向上である。

ボルカーの執念とラジャンの懸念

FRBを「2％の平均物価目標」導入に駆り立てたのは、物価指数がマイナスに陥ることへの懸念だった。「日本経済の停滞の原因は、長引くデフレにある」との見方が広く信じられてきたために、FRBもデフレ回避への断固たる姿勢を示そうとした。

しかし、物価指数のわずかなマイナスを「デフレ」と強調し、経済停滞の元凶とする議論は実態から遊離していた。先に述べたように、異次元緩和前の10年間と異次元緩和開始後の10年間では、実質GDP成長率はほぼ同じだった。物価上昇率の小幅のマイナスと小幅のプラスは実体経済に大きな違いをもたらしていない。

米国内にも、2％の物価目標を疑問視し、中央銀行はもっと金融システムの安定に目配りすべきと主張する人々がいた。典型は、2019年に亡くなったボルカー元FRB議長だ。同元議長は、人々が経済計画を安心して立てられる状態を重視し、物価の安定とは「『名目』と『実質』がおおむね等しい状態」をいい、望ましい物価上昇率は基本的に0%程度との考えを主張していた。『ボルカー回顧録――健全な金融、良き政府を求めて』(ポール・A・ボルカー、クリスティン・ハーパー共著〈日本経済新聞出版、2019年〉、以下『ボルカー回顧録』)からの引用を含め、その見解をまとめてみよう。

第1に、物価の動きに振れがあるのは当然だが、だからといって許容幅の上限が2%であるとか2%が物価の目標であるといった議論は、受け入れがたい。

「『ほんの少しのインフレがあるぐらいの経済状態が望ましい』との学説は多くの研究や事実関係が間違いだと示してきたにもかかわらず、いつまでも消えずに残り、現在は、デフレーションへの危惧という形で繰り広げられている」(『ボルカー回顧録』、一部著者要約)。

第2に、いったん2%目標を許容すれば、いずれは目標値を3%、4%に引き上げようとの議論が起き、経済のリスクを高める。

「インフレで打撃を受けた国が、安定を取り戻すために闘う。ところが勝利が視野に入ってくると、当局は経済成長を刺激しようと手を緩めて『ほんの少しのインフレ』を容認する。そして結局、以上の過程(著者注:生産性向上を伴わない物価と賃金の上昇が生む景気後退〈スタグフレーション〉の過程）をやり直すことになる」（同上）。

第3に、「デフレは金融システムの機能停止という重大な局面に陥った時、脅威として突きつけられる。低成長と繰り返し発生する景気後退は、金融システム全体を揺るがす混乱を伴っていないのであれば、（中略）デフレのリスクをもたらさない」（同上）。

こうしたボルカー元議長と類似の主張を行ったのが、2013年から3年間インド準備銀行（中央銀行）総裁を務めたラジャン教授だった。同氏は2023年3月初めのIMF（国際通貨基金）季刊誌への寄稿の中で、量的緩和政策の危うさを指摘し、以下のような警告を発している。

第1に、量的緩和政策は、実体経済への効果に疑問があるうえに、（社債等の）クレジット市場や資産価格、流動性にゆがみをもたらしている。また、出口の難しい政策である。

第2に、デフレスパイラルに陥らない限りは、中央銀行は低インフレを過度に心配すべきではない。日本の成長率や労働生産性の鈍化も、長期にわたる低インフレが原因ではなかった。

第3に、中央銀行は、金融システムの安定をもっと重視する必要がある。低インフレへの対応（としての量的緩和）が、資産価格の高騰やレバレッジの拡大をもたらし、金融システムの不安定を引き起こす可能性を高めている。

第4に、中央銀行による介入は少ない方が、現在我々がいる高インフレ、高レバレッジ、低成長の世界よりも、おそらく良好な結果をもたらすだろう。

ボルカー、ラジャン両氏は、それぞれ米国、インドで中央銀行の総裁職を担い、物価の安定と金融システムの健全性確保のために、時の政治と真っ向から対峙《たいじ》した人物である。その両者が、物価目標2%に疑問を投げかけた。

2人の議論は、(1)「物価目標実現のため」として行う大規模金融緩和が、金融システムにもたらす悪影響を強く意識していること、(2)金融緩和と財政拡大に偏りがちな「政治の慣性」を危惧していることに特徴がある。

大胆な金融緩和に伴う市場機能の低下、財政規律の緩み、金融システムの弱体化といった問題は、先進国中央銀行に共通の悩みである。「物価2%はグローバルスタンダード」というマジックワードに、いつまでも引きずられてはならない。中央銀行にとっては、金融システム不安こそが「デフレにつながる脅威」であるとの警告に、もっと耳を傾ける必要がある。

目標数値をめぐる教訓

新型コロナの感染拡大を機にFRBとECBが行った、物価目標2%の厳格な適用は、失敗だった。目標数値の設定と運用は実践的な課題であり、安易な結論は出しにくいが、これまでの経験を踏まえて、物価目標政策に関する教訓を著者なりにまとめておこう。

（1）物価目標は国民の物価観の基礎を形成するものであり、中央銀行にとって重要である。

（2）しかし、望ましい物価上昇率が具体的にどの辺りにあるかはもっぱら実践的な話であり、アプリオリ（先験的）には定まらない。

（3）そもそも、世界一律の「望ましい物価上昇率の水準」があるかどうかも疑わしい。物価統計作成の精度なども、各国で違う。潜在成長率や失業率などは各国で異なるにもかかわらず、物価だけは世界共通の数値目標を必要とする根拠は、はっきりしない。

（4）「平均インフレ目標」や「オーバーシュート型コミットメント」は、人々の物価見通しを長期的に安定させようとする試みだが、望ましい物価水準自体がアプリオリに定まらない以上、こうした試みで政策を長期的に縛るのはリスクを伴う。

（5）金融緩和の副作用は、物価高騰の有無だけではない。典型は資産バブルだが、そのほかにも企業の新陳代謝の遅れや金融システムの弱体化、財政規律の緩みなどがある。とりわけ金融システム不安の惹起は経済を真のデフレに陥らせる引き金となるものであり、何としてでも避けなければならない。超低金利や大量の資金供給は民間債務を膨張させ、金融システム不安を呼び起こしがちである。

（6）中央銀行による市場への介入拡大は、市場機能の低下をもたらし、長い目で見て良い結果を生まない。

（7）物価についていえば、本来回避しなければならないのはゼロ金利制約と物価下落の間で起きうるデフレスパイラルである。物価指標が前年比マイナスとなるだけで、直ちにデフレスパイラルが起きるわけではない。過度のデフレ懸念から物価目標を高めに設定すれば、金融緩和の行き過ぎが起きる。過剰な緩和と事後的な修正は、過度の経済の振幅をもたらす。これが過去20年の世界経済の姿だった。

第4章

超金融緩和が財政規律の弛緩を生み出した

異次元緩和の「罪」 その2

ニューヨークにある米国の借金時計（NATIONAL DEBT CLOCK、2012年12月31日撮影）（EPA＝時事）

借金時計が刻む国の借金の猛スピード

ニューヨーク・マンハッタン島の中心地に、借金時計（National Debt Clock）と呼ばれるデジタル表示の時計がある（写真）。米国の国家債務の総額が、時間の経過とともに増えていく様子を示す時計だ。

　１９８０年代末に民間人が国の債務の増加を懸念して設置したという。設置の場所は何回か変わったが、今も時を刻む。だが、時計が示す米国の借金は増え続け、減少に転じる気配はない。日本でも、インターネット上の個人サイトなどに、日本の借金時計を見つけることができる。

　この手法を用いて、２０２３年度までの過去11年間の借金時計を計算すると、日本政府の借金残高（国債および借入金）は1分当たり約5300万円の増加となる。凄まじいスピードだ。スピードが緩み、マイナスに転じる気配は見られない。

国の借金は子や孫の世代に引き継がれる。まだ生まれていない将来世代が、今の私たちを眺めることができるならば、何というだろうか。

財政規律確保への闘いと挫折

IMF（国際通貨基金）のデータによれば、日本の一般政府（国および地方）の総債務残高対GDP比率は257％（2022年実績見込み、**図表4－1**）と際立って高く、OECD諸国中、断トツの第1位にある。世界全体でみても、比較可能な約190の国・地域の中で第2位の高さにある。ちなみに、第1位はレバノン、第3位はスーダン、第4位ギリシャである。このうち200％を超えるのは、レバノンと日本だけだ。終戦直前期の総債務残高の対GNP（国民総生産）比率が約200％だったとされているので、数字の上では、現在の日本は、それよりも悪い財政状況にある。

OECD諸国中第2位（世界でも第4位）のギリシャとの差も、最近は広がっている。2010年代に深刻な債務危機に苦しんだギリシャの同比率は、2020年に210％を超えたあと、財政再建が奏功し低下に転じており、22年には179％と、2010年代半ば

	中国	英国	ギリシャ	イタリア	ドイツ	フランス	カナダ	米国	日本
2001年	25	35	107	109	58	58	81	53	145
2005年	26	41	107	107	68	67	71	65	175
2010年	34	76	147	119	82	85	84	95	206
2015年	41	88	179	135	72	96	92	105	228
2018年	57	86	191	134	62	98	91	107	232
2019年	60	86	186	134	60	97	90	108	236
2020年	70	106	213	155	69	115	118	132	258
2021年	72	105	201	147	69	113	113	125	254
2022年（実績見込み）	77	100	**179**	140	66	112	107	120	**257**
2001➡2022年	52	65	72	31	8	54	26	67	112

注：薄アミ部分は、2001年以降、対GDP比率が50％以上上昇した国　（％）

図表4-1　一般政府の債務残高・対GDP比率

（出所）IMF「世界経済見通し（2024年4月）」をもとに著者作成

の水準まで低下した見込みである。一方、日本の同比率は、新型コロナ対応で一段と高まったあと、他の先進国とは違って明確な低下に転じる気配がない（**図表4－1**）。

なぜこのようなことになってしまったのか。財政赤字と財政規律の系譜を振り返ってみよう（**図表4－2**）。もともと日本は財政規律に厳しい国だった。1960年代半ばに戦後初めて国債が発行された際も、発行は建設国債に限っていた。国債は、返済負担を将来の世代に課すものである。国債発行で賄った資金を道路や橋などの社会インフラ整備のために使うのであれば、子や孫の世代も恩恵を受ける。したがって、建設国債であれ

	国債、消費税関連等	財政再建関連
1975〜76年度	[75年度] 赤字国債の発行開始	[76年度] 財政健全化目標の設定 「特例公債（赤字国債）からの脱却」
1980年代	[89年度] 消費税3%の導入	増税なき財政再建、第2次臨時行政調査会（「土光臨調」）、財政 非常事態宣言、国鉄等三公社の民営化、消費税法成立
1990年度	当初予算で赤字国債ゼロを実現	
1994〜98年度	[94年度] 赤字国債の発行再開 [97年度] 消費税5%に	[97年度] 財政構造改革法の成立 （[98年度] 同法の施行停止）
2001〜05年度	（歳出の抑制に成果、歳入は増えず）	聖域なき構造改革、郵政民営化、財政健全化目標の改訂（「基礎的財政収支（PB）黒字化」に）
2011〜12年度		復興特別所得税の導入、消費税率引き上げ法案成立〈2014年度以降段階的に8、10%へ〉、「社会保障・税の一体改革」三党合意
2014〜20年度	[14年度] 消費税8%に [19年度] 同10%に、軽減税率の導入	消費税率10%への引き上げを2度にわたり延期後、19年度に4年遅れで実施。PB黒字達成時期を20年度から25年度へ先送り

図表4-2　財政再建の試み　（出所）各種資料をもとに著者作成

ば、将来世代に一定の返済負担を課すことも許されると考えられたものだった。

【1970年代〜80年代】

しかし、1975年度になると、特例公債、いわゆる赤字国債が発行されるようになった。第1次石油危機後の景気の落ち込みに対し政府は減税を行い、歳入不足を赤字国債で賄った。当時赤字国債は緊急避難として認識され、並行して「1980年度までに赤字国債から脱却する」との財政健全化目標が掲げられた。しかし、目標はなかなか達成されず、達成時期の先送りが続いた。

1980年代に入ると、鈴木善幸内閣は「増税なき財政再建」を掲げ、行財政改革への具体策を積極的に論じるようになった。第2次臨時行政調査会（会長の土光敏夫氏の名をとって「土光臨調」と呼ばれる）が改革の象徴的な存在となり、いわゆる三公社——日本国有鉄道、日本電信電話公社、日本専売公社の民営化などが推進された。

1982年に政権を継いだ中曽根康弘内閣も財政再建路線を踏襲し、予算の総額抑制の方針を明示した。この間、増税なしでの財政再建は難しいとの見方が強まり、続く竹下登内閣のもとで3％の消費税が導入された。こうした経緯を経て、1990年度の当初予算でついに「赤字国債からの脱却」を実現した。

［1990年代］

だが、長続きはしなかった。バブルの崩壊から税収の落ち込みが顕著となり、1994年度から再び赤字国債が発行されるようになった。1996年に政権の座に就いた橋本龍太郎内閣は、翌年に財政構造改革法を成立させ、財政健全化目標を法定化するとともに、社会保障関係費や公共投資関係費の量的削減目標を設定した。しかし折からの金融危機もあり、同法は1998年に早くも施行停止に追い込まれた。

［2000年代前半〜2010年代初頭］

2000年代に入り、財政健全化目標は「赤字国債の脱却」から「基礎的財政収支（プライマリーバランス、PB）の黒字化」に書き換えられた。小泉純一郎内閣は「聖域なき構造改革」を掲げ、郵政事業や道路公団の民営化を主導した。一連の改革は、歳出の肥大化に一定の歯止めをかけることに成功したが、歳入の減少を食いとどめるには至らず、財政収支の悪化が続いた。

2011年の東日本大震災後に政権を担った民主党野田佳彦内閣は、財政再建に積極的に取り組んだ。復興支援のために巨額の事業を行う一方で、東日本大震災復興特別会計を創設し、支出と収入の一元管理を行った。国債の一種である「復興債」を発行しつつ、償還財源に新たに導入した復興特別税と政府保有株式の売却収入を充てることを決めた。復興債は、2037年度までに全額償還される予定にある。

また、野田政権は5％の消費税率を8％、さらに10％へと段階的に引き上げる法案を成立させるとともに、「社会保障・税の一体改革」に関する三党合意を取り付けた。しかし、2012年冬の総選挙で自民党に敗れ、政権を去った。

【2012年末〜2023年】

2012年末に野田政権のあとを継いだ第二次安倍晋三内閣は、法律に従い、2014

年4月に消費税率を5％から8％に引き上げた。しかし、当初2015年秋に予定していた10％への引き上げは先送りし、結局4年後の2019年10月に実現させた。同時に「機動的な財政運営」を掲げ、積極的な拡大路線を展開した。

財政健全化目標の「基礎的財政収支の黒字化」の達成時期も、2020年度から2025年度へと先送りされた。さらに2020年度には新型コロナの感染拡大を受け、175兆円という巨額の予算（三次補正後）が組まれた。政権は2020年秋に菅義偉内閣へ、さらに翌21年秋には岸田文雄内閣へと受け継がれたが、毎年度多額の予算が組まれ続けてきた。

岸田政権は、2024年の経済財政運営と改革の基本方針（骨太の方針）に、「25年度の基礎的財政収支の黒字化を目指す方針」の堅持を明記した。ただし、大事なのは当初予算よりも、補正後の実績としての財政収支である。このところ当初予算を抑制気味に設定したのち、多額の補正予算を追加するやり方が常態化しており、真の財政運営は実績値をみないと分からない。

［新規国債発行額の推移］

新規国債の各年度の発行額を示したのが、**図表4－3**である。見て取れるのは、「階段状に発散する」財政赤字の姿だ。

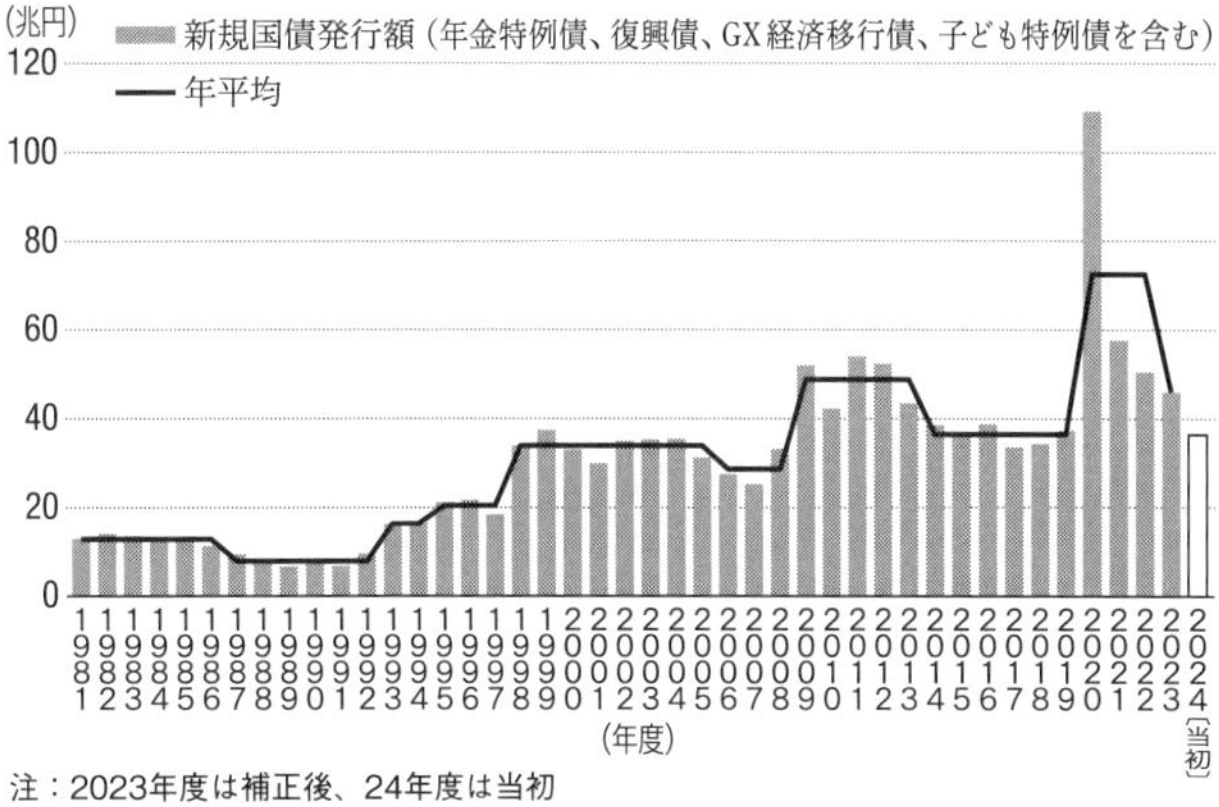

注：2023年度は補正後、24年度は当初

図表4-3　新規国債発行額の推移

（出所）財務省「国債発行額の推移（実績ベース）」をもとに著者作成

新規国債（年金特例債、復興債などを含む）は、1990年代前半の年10兆円前後から、1998年度から2000年代前半にかけて年30兆円台へ、その後、2009年度に52兆円に膨らんだあと、2010年度から13年度にかけても年40兆円台が続いた。さらに2020年度から22年度の3年間は、年平均72兆円へと飛躍的に増大した。

2023年度の新規国債発行額（建設国債〈4条債〉および赤字国債〈特例債〉）は、当初予算では2019年度並みの36兆円まで圧縮されたが、秋の補正予算による積み増しで計44兆円に拡大した。

多くの政権が財政再建に取り組んできたが、それでも財政赤字の拡大に歯止めをかけることはできなかった。アベノミクスを唱えた第二次安倍政権以降は、政治の場で財政再建が真剣に語られることも減った。政治には財政支出拡大への慣性がある。

「100年に一度の危機」と政治の慣性

財政収支をもう少し深掘りしてみよう。財政収支の悪化の底流には、高齢化を背景とする社会保障費の増大がある。同時に、ここで注目したいのは「危機への対応」をきっかけとする支出拡大の慣性である。

前掲図表4−3が示すように、日本では「100年に一度」と呼ばれる危機が起きる都度、大量の国債が発行され、危機収束後も十分に圧縮されないまま、次の危機を迎えてきた。

この「100年に一度の危機」が、近年は10年に一度に満たない頻度で起きている。2008〜09年のリーマンショックは、当時のリスク管理の理論モデル上100年に一度しか起きない金融リスクが顕在化したといわれた。2011年の東日本大震災は、国内観測史上、最大規模の地震だった。2020年からの新型コロナは、世界の死者数が、感染症としてスペイン風邪以来約100年ぶりの水準に達した。

個々の事象は100年に一度であっても、社会全体で見れば、しばしば起きる事象の一つだ。ならば、その理解と覚悟をもって、あらかじめ危機の想定を広げ、被害と支出を最小化する準備が必要である。

そうは言っても、すべてのリスクと被害を予測するのは難しい。したがって、危機時の財政出動はやむをえない。だが、その際には将来の国債償還の道筋を明確にしたうえで、是非を判断するのが肝心である。危機時にこそ、場当たり的な対応とならないよう、冷静な判断が求められる。それが政治の仕事のはずである。

しかし現実は、「危機」という名のパニックのもと、償還財源を問うことなく巨額の国債が発行されてきた。こうなると、収束後に財源議論を蒸し返すのは難しい。選挙が意識される政治の世界では、いったん昇った階段を降りるのは至難の業だ。

前述のように、2023年度の新規国債発行額（建設国債および赤字国債）は当初予算で約36兆円と、2019年度並みの水準に圧縮されたが、秋の臨時国会で大規模な経済対策が盛り込まれ、補正後の新規国債発行の合計額は結局約44兆円となった。危機の収束とともに、いったんは危機前の水準に戻るかに見えた新規国債の発行だったが、やはり階段を一段昇ることになった。

政治には「危機への対処」をテコに支出拡大に向かう慣性がある。財政支出の拡大は選挙民に分かりやすく、手っ取り早い集票の手段として利用される。これまでは投票率の高い高齢層や、国民の多くが働く中小企業に向けた財政支援策が、多く盛り込まれてきた。そこに、防衛予算や少子化対策が追加された。このままでは、財政赤字は拡大が続くばかりだ。

こうした情勢のもとで、日銀は異次元緩和と称して大量かつ長期にわたり国債を買い入れてきた。政府はみずからの資金繰りを心配する必要がなくなり、金利もゼロ近傍で資金調達できるようになった。金利がゼロであれば、いくら借金を重ねても、当面は懐が痛まない。支出を拡大しようとする政治の世界にとっては、これほど有難い状況はなかったわけである。

財政ファイナンスに酷似する日銀の国債買い入れ

異次元緩和の最大の特徴は、国債の大量買い入れにある。**図表4－4**は日銀の国債保有額の推移であり、異次元緩和の開始後、劇的に増加した。

異次元緩和が始まる直前の2013年3月末の日銀の保有国債残高は、約125兆円。これが10年後の2023年3月末には約582兆円まで駆け上がった。10年間で4・7倍だ。これを見ただけでも、異次元緩和が異形の政策であったことが分かる。

2013年4月から2023年3月までの保有国債の増加額は、約456兆円（差し引

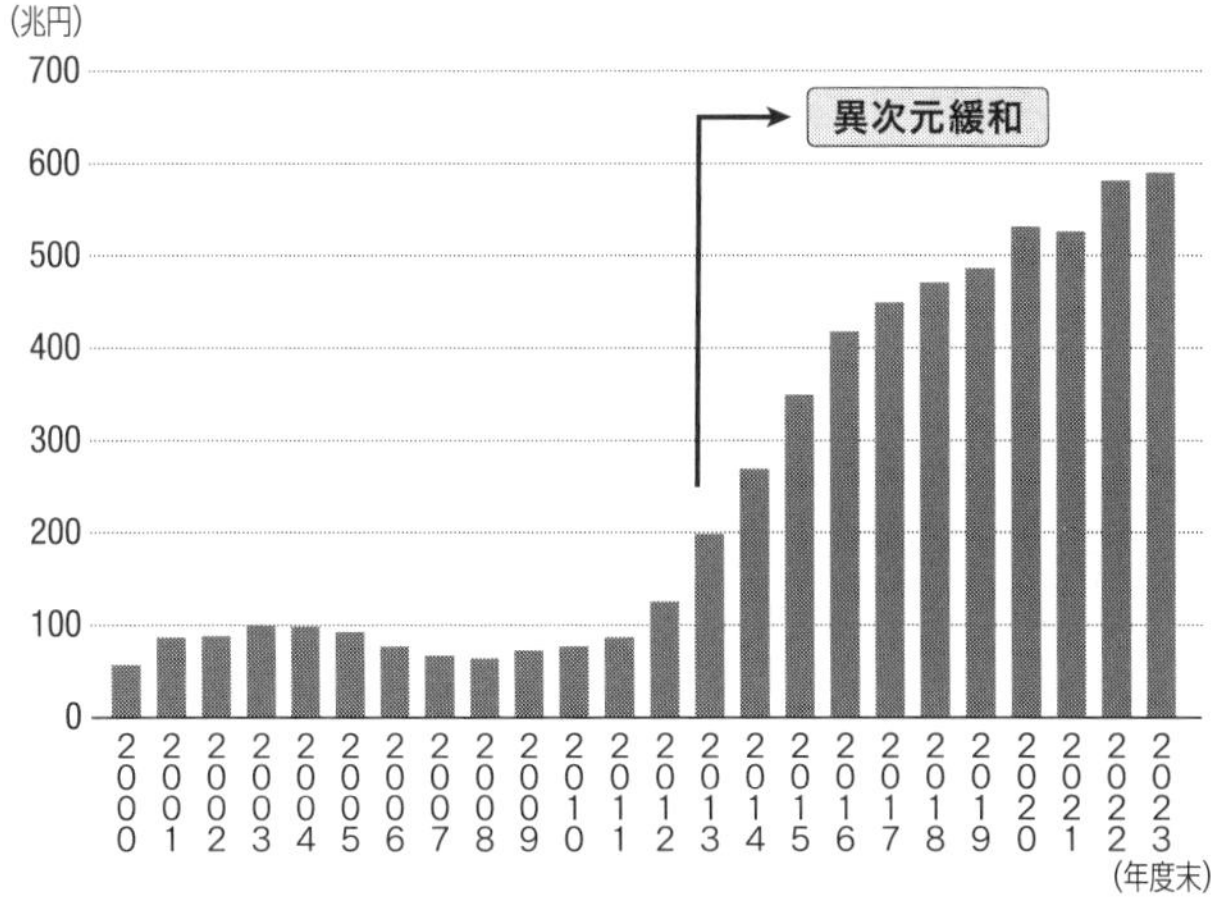

	日銀保有国債増加額 (A)	新規国債発行額 (B)	A／B (%)
2003～07年度	-21	155	-13.5
2008～12年度	58	234	24.8
2013～22年度	456	480	95.0

(兆円)

図表4-4　日銀の国債保有残高推移（上）と
日銀の保有国債増加額が新規国債発行額に占める比率（下）

(出所) 上：日本銀行「日本銀行勘定」をもとに著者作成。下：日本銀行「日本銀行勘定」、財務省「国債発行額の推移（実績ベース）」をもとに著者作成きとわずかに合わないのは、四捨五入によるもの）。同期間中の新規国債発行額は約480兆円だったので、新規国債発行額の約95％に相当する国債を市場から買い上げた計算となる（**図表4－4の下段**）。この間の新規国債発行には、新型コロナ対策として巨額の補正予算を組んだ2020年度分109兆円も含まれる。この巨額の赤字を、日銀はほぼ丸呑みした格好である。

これほどの巨額の買い入れは、2つの大きな問題を引き起こした。第1は、中央銀行が本来行ってはならない財政ファイナンスに酷似したものとなったこと、第2は、金融市場の市場機能を損なったことだ。後者は次章で述べる。

財政ファイナンスとは、中央銀行による国債の引き受けや中央銀行からの借り入れで財政赤字を賄うことをいう。世界の多くの国がこれを禁止し、日本でも財政法第5条によって禁じている。

中央銀行が存在しなかった時代の近世ヨーロッパでは、王室が財政と貨幣発行の両方の機能を担っていた。王室は、貨幣を大量に発行して放漫財政を賄い、貨幣価値の下落、すなわちインフレーションを引き起こして人民を苦しめた。中央銀行制度が確立したあとも、中央銀行が国債を引き受けた結果、激しいインフレに見舞われた例は多い。

日銀のホームページにある「教えて！　にちぎん」のコーナーに、「日本銀行が国債の引き受けを行わないのはなぜですか？」との問いがある。やや長くなるが、回答を引用してみよう。

「中央銀行がいったん国債の引受けによって政府への資金供与を始めると、その国の政府の財政節度を失わせ、ひいては中央銀行通貨の増発に歯止めが掛からなくなり、悪性のインフレーションを引き起こすおそれがあるからです。そうなると、その国の通貨や経済運営そのものに対する国内外からの信頼も失われてしまいます。これは長い歴史から得られた貴重な経験であり、わが国だけでなく先進各国で中央銀行による国債引受けが制度的に禁止されているのもこのためです。（以下、略）」

（日本銀行ホームページより）

日銀が異次元緩和のもとで行った国債買い入れは、法律上、財政法第5条に触れるものではないとされる。法律は国債の引き受けや直接の借り入れを禁じているのに対し、日銀の国債購入は市場からの買い入れの形態をとっているからだ。

また、異次元緩和下の日銀は、終始「国債買い入れは物価目標2％の達成のために行うものであって、財政ファイナンスを目的とするものではない」と述べてきた。

だが、問われるべきは、巨額の国債買い入れが、財政法第5条の趣旨に込められた「財政節度（財政規律）を失わせる」ことにつながっていないかである。たしかに、形式的には国債の引き受けには当たらないが、現実は、政府が市中に発行するや否や、間髪を容れずに市場から買い入れている。発行代金の払い込みのあった翌営業日には、日銀の買い入れ対象となる。

法律上の解釈は別にして、経済的な機能は財政ファイナンスにきわめて近い。実際、安倍晋三元首相は、首相就任前や辞任後に、繰り返し「輪転機をぐるぐる回して日本銀行に無制限にお札を刷ってもらう」と公言していた。目的さえ違えば、政府の資金繰りを丸ごと面倒みてよいという話ではないだろう。

日銀は、国の予算はもっぱら政府、国会で決められるものであり、日銀が行った異次元緩和が財政規律に影響を及ぼすものではないと考えていたようだ。もちろん、財政規律は一義的には国会の責任である。だからといって、日銀に責任がないとするのは間違いだろう。財政赤字をほぼ丸呑みするだけの金額を日銀が買い入れれば、財政規律が働きにくくなるのは当然である。

中央銀行の独立性を脅かすとしてYCCを却下したFRB

ＦＲＢは、日銀のイールド・カーブ・コントロール（ＹＣＣ）やオーストラリアの中央銀行であるオーストラリア準備銀行による3年物国債金利の固定政策の経験を踏まえ、米国の金融政策への適用可能性を討議したことがある。２０２０年6月のＦＯＭＣでのことだ。

その模様は、ＦＯＭＣの議事要旨に記載されている。日本やオーストラリアの実例を取り扱っているために表現は控えめだが、結論は全否定に近いものだった。日本の現状への示唆も多いので、要点をまとめておこう。なお、ＦＲＢは、日本のイールド・カーブ・コントロールなどを「金利に上限、ないし目標を設定する政策」と定義し、ＹＣＴ（the yield caps or targets）との呼称を与えている。

はじめに、ＦＲＢのスタッフから、総括として次の点が指摘された。

（1）信頼できる（credible）ＹＣＴであれば、多額の国債買い入れを必要としないかもしれない。しかし、一定の環境のもとでは、大量の国債買い入れを余儀なくされる可能性がある。

（2）ＹＣＴのもとでは、金融政策の目標が政府の国債管理政策の目標と抵触する可能性がある。

（3）その結果、中央銀行の独立性が脅かされるリスクがある。

その後、ＦＯＭＣ参加者から多くの意見が述べられ、最終的には「ほぼすべての参加者から、このような政策はコスト・ベネフィットの点で疑問がある」との結論が示されている。以下、多くの参加者が述べた疑問や意見を記す。

（１）出口が近づいてきたときに、ＦＲＢのバランスシートの規模と資産構成をどうコントロールしていくのか。

（２）中央銀行の独立性が脅かされるリスクをどうすれば和らげられるのか。

（３）金融市場の市場機能に及ぼす影響をどう評価するか。

（４）民間セクターのバランスシートの規模や構成に及ぼす影響をどう評価するか。

（５）予想物価上昇率や実質自然利子率を計測するのは難しく、結果的に、不適切な金利の上限や目標を設定しかねない。

討議の中で最も注目されるのは、相対的に独立性が強いとされるＦＲＢですら、国債の大量買い入れが中央銀行の独立性を脅かしかねないことに強い懸念を表明している点である。

どんなに「物価目標達成のために行う国債買い入れ」と強調しても、政治や社会は、さらなる国債買い入れを期待してくる。実際、安倍元首相は、就任前も辞任後も、前述の輪転機発言を繰り返していた。それが政治の慣性と考えざるをえない。

日銀内部にあった銀行券ルール停止時の懸念

過去の日銀や海外の中央銀行が慎重に取り扱ってきた「財政ファイナンスの禁止」や「中央銀行の独立性」だったが、異次元緩和下の日銀はあまり目をくれなかったようにすら見える。では、本当のところはどうだったのだろうか。

２０１３年4月の異次元緩和の導入当初は、じつは、日銀内部にも国債の大量買い入れが財政ファイナンスとみなされるリスクを強く警戒する声があった。端的に表すのが、銀行券ルールの取り扱いだ。

異次元緩和で巨額の国債買い入れを進めようとする黒田日銀にとって、障害となるのが銀行券ルールの存在だった。やや技術的になるが、簡単に説明しておこう。

銀行券ルールとは、「日銀が保有する長期国債の残高は、銀行券発行残高を上限とする」という内部ルールで、日銀内部で長く維持されてきたものだった。日銀のバランスシートは、長期国債などの金融資産を資産サイドに、発行銀行券や日銀当座預金を負債サイドに計上している。日銀は、金融資産の買い入れや売却を通じて、金利や資金の供給量を調節している。

日銀をはじめとする中央銀行は金融調節の機動性を重視し、平時は短期の国債や短期の貸付金など、短期資産を対象に資金供与を行っている。長期国債は償還までに時間がかかるため、いったん長期国債を買い入れたあとに金融引き締め局面を迎えれば、長期国債を市場で売却して資金を回収しなければならない。しかし、中央銀行のようなビッグプレーヤーが長期国債を市場で売却すると価格が急変動しかねないため、慎重に対応せざるを得ず、機敏な対応がとりにくい。そうした理由から、多くの中央銀行は長期国債をはじめとする長期資産の買い入れには慎重に取り組んできた。

もっとも、日銀が長期国債をまったく買ってこなかったわけではない。発行銀行券はいったん日銀窓口から市中に出ると半永久的に市中に滞留し、残高が積み上がるクセ（傾向）がある。発行銀行券は家計にとって資産である一方、日銀にとっては負債である。ゴールデンウィークのように銀行券への需要が増えるときには、日銀は市場から資産を買い入れて需要の増加に応じる。

しかし、こうした現金需要の増加に対して短期資産の買い入れで応じようとすると、買い入れ頻度ばかりが増え、効率が悪い。いったん発行された銀行券は半永久的に市中に滞留することを踏まえると、これに見合う買い入れ資産の対象に限っては、長期資産を割り当て、満期まで保有するのが効率的だ。そこで、発行銀行券に見合う金融調節には、長期国債の買い入れを割り当てる考えが長く定着してきた。

だが、長期国債の買い入れは、政治や世の中から多額の買い入れを期待されやすい。易きに流れると、財政ファイナンスに近づく。そこで、日銀は内部の規律付けとして、「長期国債の残高は銀行券発行残高を上限とする」という内部ルール（銀行券ルール）を設け、政治との間合いを両立させていたものである。

もっとも、白川日銀時代も、非伝統的な政策手段として長期国債の買い入れを行っており、銀行券ルールの壁にぶつかった。そこで、バランスシート上に「基金」を設け、「基金」の対象とする長期国債の買い入れは、上限金額の範囲内で銀行券ルールを適用しない扱いとする一方、基金の対象でない「金融調節上の必要から行う（通常の）国債買い入れ」には、従来通り銀行券ルールを適用していた。

黒田日銀の異次元緩和は、この「基金」を廃止し、通常の金融調節と合体することにより、金額面での上限の制約を取り払うものだった。したがって、通常の金融調節に適用していた銀行券ルールについて、新しい取り扱いを定める必要があった。結局日銀は、合体後のすべての長期国債買い入れについて、銀行券ルールの「一時適用停止」を宣言した。

だが、日銀内部ではその帰結を深刻に受け止める声があった。このままでは、国債の買い入れが野放図になりかねず、世の中から財政ファイナンスとみられかねない。そこで、日銀は2013年4月に異次元緩和を決定した公表文の中で、銀行券ルールを一時適用停止する理由として、政府が日銀との共同声明の中で「持続可能な財政構造を確立するための取り組みを着実に推進する」と表明したことをわざわざ強調している。政府が財政再建に真剣に取り組み、国債発行を減らす意志を表明しているので、長期国債を買い入れても財政ファイナンスとみなされるリスクは小さいという筋立てだった。

しかし、持続可能な財政構造の確立は遅々として進まず、一時適用停止とした前提は成り立たなかった。物価目標を2年で達成できなかったこととあわせて、日銀にとっては大きな誤算だっただろう。

それでも、日銀は財政運営に抗議することなく、長期国債の買い入れを続けた。銀行券ルールの一時適用停止は10年を超えてなお続き、今もなお停止中である。2024年3月末の発行銀行券の残高は約121兆円、保有長期国債の残高は約586兆円、銀行券ルールからの逸脱は差し引き約465兆円にものぼる。ちなみに、異次元緩和開始直前の2013年3月末の同逸脱額は、約8兆円だった。その後の国債買い入れ額がいかに桁違いの大きさであったかが分かる。

財政規律に対する日銀の姿勢もしぼむ

異次元緩和を決めた2013年4月以降の金融政策決定会合では、銀行券ルールだけでなく、財政運営全般に関する意見も多くの政策委員から表明された。

日銀内部の金融政策決定会合での議論とはいえ、日銀が公式の会合でこれほど財政に関して発言するのは珍しいことだった。過去の日銀は、政府から独立して金融政策を運営する以上、自分たちから財政政策に関して積極的に発言することは極力控えていた。反射効果として、政治からも金融政策に発言しやすくなる懸念があったからだ。

しかし、2012年末に発足した安倍政権は、公式の場でも金融政策に対し盛んに見解を述べるようになっていた。日銀の政策委員としても、国債の大量買い入れに踏み切る以上、政府に対し財政規律の維持の重要性を訴えざるをえなかったということだろう。

そうした観点からみれば、日銀が国債発行残高の5割を上回る規模の国債を保有するに至ったのは、やはり不本意だったに違いない。

日銀の思惑違いは、物価目標2％の達成を本気で「2年程度」で実現できると考えたからなのかもしれない。日銀が物価を上げると約束すれば、国民はこれを信じ、ただちに消費や投資に向かうと本気で考えた委員もいたのだろう。

しかし、思惑は完全に外れた。物価目標の達成はいっこうに目処が立たなかった。政府は2014年4月に予定されていた消費増税は実施したが、その1年半後に予定されていた追加の消費増税を先送りした。新規国債発行も高水準が続き、持続可能な財政構造の確立は進まないまま、銀行券ルールの一時停止だけが継続された。

では、その時点で、日銀が「約束が違う」と言って、銀行券ルールを復活させ、異次元緩和を撤回できただろうか。それは難しかった。日銀は独立して金融政策運営の責任を負っている。そうである以上、財政運営を理由に金融政策の方針を変えることはできない。

政府の約束に期待して国債の大量買い入れを決めたのが、楽天的に過ぎたのである。異次元緩和の派手なプレゼンテーションにばかり目が向き、政治との間合いに関する本質的な検討が欠けていた感は否めない。

その後、金融政策決定会合の中でも、財政規律に関する発言はほとんど見当たらなくなった。巨額の国債購入だけが残り、保有残高は膨大な金額に達した。途中でマネタリーベース重視から金利重視に方針を切り替えたが、それでも、長期金利をゼロ％程度に抑えるためとして、大量の国債を買い入れ続けた。

財政ファイナンスとなることに強い警戒感をもって始まった異次元緩和だったが、結局は、財政ファイナンスに酷似した国債の買い入れとなった。

植田日銀は、異次元緩和の解除後、当面2年間の長期国債の買い入れ減額を決めたが、第6章で述べるように、さらにその先も国債保有残高を減らし続けるのは決して簡単ではないだろう。しかし、保有国債の圧縮は避けて通れない道だ。各国中央銀行が慎重に慎重を重ねて避けてきた道を黒田日銀はみずから選択し、長期間続けた。後始末を託された植田日銀の前には、険しい道が立ちはだかる。

日銀は債務超過になるか：試算1　実質債務（負債）超過の可能性

日銀の財務をめぐっては、将来、債務（負債）超過に陥るかどうかもしばしば議論の対象となる。

債務超過とは、資産の価値の目減りなどにより負債が資産を上回り、自己資本を負債の削減に充てても、なお補塡しきれない状態をいう。注意を要するのは、①バランスシート上の資産超過・債務超過の概念と、②保有有価証券の時価変動を加味して、実勢の価値（時価）を反映した資産超過・債務超過の概念の2種類があることだ。後者はしばしば「実質資産超過」、「実質債務超過」と呼ばれる。

日銀の場合、保有する国債は償却原価法と呼ばれる評価方法を用い、バランスシート上は時価評価を行っていない。保有するETF（信託財産）も、時価が大きく下落する場合を除き、買い入れ時の価額をそのまま維持している。ただし、時価情報は決算の都度明らかにされており、開示情報から含み益・含み損（簿価と時価の差）の把握は可能だ。

はじめに、②の実態としての価値から検討してみよう。

長期金利が上昇すると、債券の価格が下がり、実態としての資産価値が棄損される。前述のとおり、償却原価法のもとでは時価評価を行わないので、この段階ではバランスシート上の自己資本は棄損されない。②の実態把握は、あくまで、時価の下落によって生じる含み損を自己資本に加味すれば、どの程度資産・負債のバランスが変化するかを計算するものである。

２０２３年度末の実績では、日銀はバランスシート上の自己資本として、法定準備金・資本金約３・５５兆円を有していた。このほかに、債券取引損失引当金約６・９８兆円があり、これも債券価格の下落時に利用できる。したがって、ここでは、法定準備金・資本金に債券取引損失引当金を加えた約10・5兆円を、いちおう「自己資本」として捉えておこう（**図表4－5**）。この金額は、バランスシートの規模約７５６兆円に比べれば、さして大きなものではない。

一方、保有有価証券は国債と信託財産（ＥＴＦやＪ－ＲＥＩＴなど）がほとんどを占める。国債は、バランスシート上の価額（簿価）約５８９・７兆円に対し、時価は約５８０・２兆円だった。すなわち、債券金利の上昇で、すでに約９・４兆円の含み損が生じていた（端数が合致しないのは四捨五入をしているため）。ちなみに、23年度末の10年物国債の市場利回りはおよそ０・７５％であり、おおむねこの金利水準に対して約９・４兆円の含み損が発生していたこととなる。

バランスシート（兆円）

資産		負債および純資産	
国債	590	発行銀行券	121
（うち長期国債）	（586）	預金	599
金銭の信託（ETF、J-REITなど）	38	（うち当座預金）	（561）
		政府預金	16
貸出金	108	債券取引損失引当金	7
外国為替	11	外国為替等取引損失引当金	3
		資本金	0.0001
		法定準備金	4
		当期剰余金	2
資産計	756	負債および純資産計	756

（参考）時価情報	価額（薄価）	時価
国債	589.7	580.2
金銭の信託合計	38.0	76.0

損益計算書（兆円）

経常収益	5.09
国債利息	1.71
外国為替収益	1.68
その他	1.70
うち金銭の信託（株式）配当金等	0.39
金銭の信託（ETF）分配金等	1.24
経常費用	0.45
経常利益	4.64
特別損益	**−1.57**
うち債券取引損失引当金	**−0.92**
外国為替等取引損失引当金	**−0.65**
税引前当期剰余金	3.07
法人税、住民税及び事業税	0.78
当期剰余金	2.29

図表4-5
日銀の2023年度末バランスシートおよび同年度損益計算書
（出所）日本銀行「第139回事業年度（令和5年度）決算等について」をもとに著者作成

これに対し信託財産（ETFやJ－REITほか）は、価額（簿価）約38・0兆円に対し、時価が約76・0兆円だった。株価の上昇が時価を押し上げた結果、約38・0兆円の含み益が発生していたことになる。

以上を踏まえると、2024年3月末時点では、39兆円程度の実質資産超過（資本金・法定準備金＋債券取引損失引当金－国債の含み損＋信託財産の含み益など）だったと計算される。

これをもとに、長期金利上昇のインパクトを試算してみよう。2022年12月、日銀の雨宮正佳副総裁（当時）は参議院予算委員会で、金利上昇時の日銀財務への影響を問われ、長期金利が1％上昇した場合には28・6兆円、2％上昇した場合には52・7兆円の含み損が発生すると答弁していた。

その後2024年3月末までに日銀の保有長期国債は50兆円程度増えたので、これを織り込めば、長期金利が1％上昇すればおおむね31兆円程度の、また2％上昇すればおおむね58兆円程度の含み損が追加で発生すると推定される。

信託財産の含み益が変わらないと前提すれば、前述の「資本金・法定準備金＋債券取引損失引当金－国債の含み損＋信託財産の含み益」は、1％の長期金利の上昇では8兆円程度の実質資産超過を維持できるが、2％の上昇では19兆円程度の実質債務超過に陥る計算となる（**図表4－6**）。実質資産超過と実質債務超過の境目は、長期金利の上昇幅1・3

有価証券の含み損益を含む実質ベースの試算

	資本金・法定準備金＋債券取引損失引当金＋有価証券含み損益
現状	約39兆円の実質資産超過
長期金利1％の上昇	8兆円程度の実質資産超過
長期金利2％の上昇	19兆円程度の実質債務超過

バランスシートの資産超過・負債（債務）超過

	資本金・法定準備金＋債券取引損失引当金
現状	約10.5兆円の資産超過
当座付利金利1％の上昇	2.5兆円程度の資産超過［ボトム時］
当座付利金利2％の上昇	26兆円程度の債務超過［ボトム時］

仮定1：長短金利以外の変動はないものと仮定。ETFの含み益不変。同分配金等は23年度の水準が今後も続くものと仮定
仮定2：長短金利の上昇は、試算簡単化のため、いっとき上昇したあと、その水準が続くものとして試算
仮定3：当座預金残高は10年かけて平時の水準（30兆円程度）に戻すことと仮定。国債残高もこれに応じて10年かけて470兆円程度圧縮と仮定

図表4-6　金利上昇時の日銀バランスシートへの影響（まとめ）
（出所）日本銀行「第139回事業年度（令和5年度）決算等」などをもとに筆者が試算したもの

%程度にあるようだ。

ちなみに、2024年3月末の10年物国債金利は前述のとおり0・75%程度だったので、1%の長期金利の上昇とは0・75%程度から1・75%程度へ、2%の上昇とは0・75%程度から2・75%程度への利回りの上昇を想定していることとなる。実質債務超過への転換は、23年度末対比1・3%の上昇、すなわち0・75%程度から2・05%程度への上昇で起きる。

また、ETFの含み益に多くを依存した試算結果であるだけに、株価の影響を強く受け、株価が急落すれば実質資産超過の額が大きく下振れること（または実質債務超過の額が大きく上振れること）に注意が必要である。

ちなみに、2020年3月末時点の日経平均株価は1万8917円だったが、そのときの日銀保有の信託財産（ETF）は、簿価約30・9兆円に対し時価約31・2兆円とほぼ同額だった。その後、日銀はETFを6兆円ほど買い増したため、現時点ではおおむね日経平均1万9000円台が含み損益ゼロの水準と推定される。

仮に日経平均がこの水準まで下落し、信託財産（ETF）の含み益（24年3月末約37兆円）が全額失われれば、その分、日銀の実質ベースの資産超過額（または債務超過額）は下押しされる。前述の長期金利の上昇と信託財産（ETF）の含み益消滅とが同時に起きれば、長期金利1％の上昇で29兆円程度の実質債務超過に、また同2％の上昇で56兆円程度の実質債務超過となる計算である。

試算2　短期金利1・1％程度の上昇でバランスシート上の債務（負債）超過に

次に、バランスシート上の資産・負債への影響を考えてみる。有価証券の主体である国債、信託財産（ETF）は時価評価されないため、含み益、含み損はバランスシートに直接反映されない。バランスシート上の資産超過、債務超過は、もっぱら期間収益の動向で決まることになる。

2024年3月末の時点では、「資本金・法定準備金＋債券取引損失引当金」の約10・5兆円が、資産超過の概念に対応する。

2023年度の期間損益をみると、国債利息が約1・7兆円、信託財産の分配金等が約1・7兆円だった。このほかに外国為替収益として約1・7兆円があり、その他の収入・費用とあわせて経常利益はプラス約4・6兆円だった。これに、債券取引損失引当金や外国為替等取引損失引当金の引き当てを特別損失として計上し、税引前当期剰余金は約3・1兆円だった。

このうち、外国為替関連（外国為替収益と外国為替等取引損失引当金）は、円相場次第で大きく振れるため、収益の実力を知るにはこれを控除してみるのが適当である。債券取引損失引当金の引き当ては、債券価格の下落時に損失の補塡に利用できるため、組み戻して考えるのが適切だ。

以上を再計算すると、約3兆円が年間の「実力値」だったと推定される。

次に、異次元緩和が終わり、今後、金融の正常化が進められる場面を想定してみよう。詳しくは第6章で述べるが、金融政策は当座預金への付利金利の上げ下げで行い、保有国債は満期を待って落としていくこととなる。

金利付利の対象となる日銀当座預金を530兆円程度とすると、当座預金への1％の付利で年間5・3兆円の金利支払いが発生する。2％の付利では年間10・6兆円の金利支払いとなる。前述の国債利息や信託財産の分配金と合算すると、1％の付利で期間収益は2・3兆円程度の損失、2％の付利で7・6兆円程度の損失となる。

2年目以降も損失は引き続き累積していくが、損失の大きさ自体は年々縮小していく。国債残高の圧縮に見合って当座預金の残高も減り、金利支払い額は徐々に減少していくからだ。

資産超過・債務超過の概念はフローでなくストックなので、重要なのは期間損失の累積額である。試算すると、ピーク時の期間損失累積額は1％の付利で8兆円程度、2％の付利で36兆円程度となる。これらを自己資本の額約10・5兆円から差し引くと、1％の付利であれば、2・5兆円程度の資産超過となる一方、2％の付利であれば26兆円程度の債務超過となる。資産超過、債務超過の境目は、付利金利1・1％程度の水準となるようだ（前掲図表4－6）。

なお、期間収益の上記試算も、ETFの分配金や株式の配当金等に多くを依存していることに留意する必要がある。仮に、分配金や配当金等が2023年度対比半減すれば、年間収益の実力値は約3兆円から約2・2兆円に圧縮される。これを前提に、当座預金に対する付利金利の上昇時の影響を再試算すると、付利金利1％の上昇であれば、ピーク時4兆円程度の債務超過に転化し、2％の付利であれば同33兆円程度まで債務超過が拡大する結果となる。

なぜ日銀財務の悪化に警戒が必要なのか

以上を要約すると、日銀が金融政策の変更を通じて当座預金の付利金利を1・1％程度引き上げると、バランスシートは債務超過に陥る可能性が出てくる。付利金利の引き上げ幅がそれ以上に大きくなると、債務超過の金額が拡大する。また、10年物国債利回りの水準が2・05％程度まで上がると（長期金利が23年度末対比1・3％程度上昇すると）、実質債務超過に陥る可能性が生まれる。金利の上昇幅がそれ以上に大きくなると、実質債務超過の金額が拡大する。

もし、日銀が言うように、本当に物価上昇率が持続的、安定的に２％で定着するのであれば、長期金利の水準は２％台半ばから３％前後まで上がっておかしくない。この場合、短期金利も２％近くになっておかしくないだろう。日銀がどの程度のスピードで利上げを行うかは、最終的には物価上昇が進む速さ次第となるが、債務超過、実質債務超過は決して「夢物語」というわけではない。

同時に、今の日銀の財務はＥＴＦの含み益と分配金に多くを依存する構図にあり、株価に脆弱なバランスシートにある。株価や配当金等の変動次第で、試算結果は大きく変わってくることに注意が必要だ。

ただし、日銀は、外部から資金を借り入れることなく、みずから「マネー（当座預金や発行銀行券）」を創造できる。したがって、民間企業や民間金融機関の場合と違って、資金繰りの面から行き詰まることはない。中央銀行とは、そのような特別な存在だ。

しかし、だからといって楽観視はできない。中央銀行に対する信認は、債務超過で資金繰りに支障を来すかどうかではなく、債務超過に陥りかねない姿を市場がどう評価するかによって決まる。もし信認が低下すれば、咎めは円相場の急落や物価の急上昇となって現れてくる。

もともと債務超過の可能性を懸念しなければならない状況に陥るのは、日銀が財政赤字を実質的にほぼ丸呑みしたからである。国の債務残高がどんどん膨らみ続け、その資金繰りを中央銀行が丸ごと面倒をみている国を、市場は信頼し続けるだろうか。財政規律に乏しい国は、経済の生産性も低下しているはずであり、国と中央銀行への信認は低下する可能性が高い。

わかりやすく言えば、次のようなことだ。日銀の債務超過を解消するため、国が日銀に追加出資する予算を立てたとしよう。現在の日本銀行法は1998年に施行されたものだが、それ以前の日銀法には、損失に準備金を充てても足りない時は政府が補塡するとの付則があった。現在の日銀法にこの付則は存在しないが、そうした状況を想定してみる。

この場合、政府は国債を発行して日銀への出資金に充てようとするだろう。仮に市中での追加の国債発行が難しく、結局、日銀が国債を市場から買い入れて賄うとすれば、みずから通貨を創造できることを利用した「錬金術」にほかならない。そのような国の通貨が信用され続けることはありえない。信認を失った時点で円相場は大きく下落し、物価は大幅に上がる。これが、真の懸念である。

以上をまとめれば、次のようになる。金利の正常化の過程では、バランスシート上、あるいは実質上、債務超過に陥る可能性が出てくる。もっとも、日銀はみずから資金繰りをつけることのできる特別な存在なので、短期的に放置することは可能だ。しかし、国の資金繰りを日銀がほぼ丸ごと面倒をみた結果なので、国と日本円に対する市場の信認が低下するリスクは着実に高まる。

通貨の信認は過去の長い歴史の中で脈々と積み重ねられてきたものであり、心理的な要素が強い。いったん疑念が生じると、取り返しのつかない事態も想像される。そうした万一の事態を想定して、財務の健全性確保に努めるのが「通貨の番人」たる中央銀行の責務である。

主要な論点は、財政規律の緩みと財政ファイナンス酷似の日銀による国債買い入れにある。債務超過は、結果として起きる象徴的な出来事の一つに過ぎない。債務超過でないからといって、安心してよい話ではない。

先人が脈々と築き上げてきた日本と日本円に対する信認を次の世代に引き継ぐのが、私たちの世代の責務である。財政ファイナンスに酷似した買い入れで積み上げた国債残高を、高水準のままいつまでも放置するわけにはいかない。

第5章

介入拡大が金融市場をゆがめる

異次元緩和の「罪」　その3

資本主義システムをめぐるコルナイの主張

計画経済体制を分析し、その構造的欠陥を解明したハンガリーの経済学者コルナイ・ヤーノシュは、著書の中で、資本主義システムと社会主義システムを比較し、次のように述べている（コルナイ・ヤーノシュ『資本主義の本質について――イノベーションと余剰経済』講談社学術文庫）。

「急速な革新（イノベーション）やダイナミズムは、起こるかもしれないし起こらないかもしれないといったランダムな現象ではなく、資本主義というシステム特有の性質に深く根ざしたものである（中略）その反対に、社会主義システムについても同様のことが言える。偉大な革新的な新製品を作りだせないということやその他の局面での技術進歩が後れることは、政策に誤りがあるからではなく、社会主義というシステム特有の性質に深く根ざしたものである」

第3章で紹介したように、シカゴ大学のラジャン教授は「中央銀行による介入は少ない方が、おそらく良好な結果をもたらすだろう」と述べている。これは、政府や中央銀行と

	バランスシート規模 (A)	名目GDP (B)	A/B
日本	756.4兆円 (2024年3月末)	597.3兆円 (2023年度)	127%
米国	7.8兆ドル (2023年末)	22.3兆ドル (2023年)	35%
ユーロ圏	6.8兆ユーロ (2023年末)	15.5兆ドル (2023年)	48%
英国	1.1兆ポンド (2023年末)	2.3兆ポンド (2023年)	50%
カナダ	0.3兆カナダドル (2023年末)	2.3兆カナダドル (2023年)	14%

注：名目GDPにはIMFの実績見込みを含む。ユーロ圏の比率は、
ECBの総資産を米ドル換算して計算

図表5-1　G7中央銀行のバランスシート規模比較（対名目GDP比率）

（出所）各国中央銀行「年報」等、内閣府「国民経済計算」、IMF「世界経済見通し（2024年4月）」をもとに著者作成

いった公的当局の市場介入を極力減らし、民間の新陳代謝を通じて経済の活性化を図る資本主義システムに内在する固有の利点を信じてのことだろう。

日本が計画経済のもとにあるわけではないが、ただでさえ一般政府の債務残高対GDP比率が先進国で断トツに高い国だ。中央銀行のバランスシート規模の拡大は、コルナイの主張する資本主義システムのもつダイナミズムを脅かしているように見えてならない。

日銀のバランスシートを見ると、総資産（＝負債・純資産計）は、2013年3月末の約165兆円から2024年3月末には約756兆円まで拡大した。じつに4・6倍である。

他の主要な中央銀行との比較でも、その巨大さが際立つ（**図表5-1**）。中央銀行の総資産の対GDP比率は、米国FRBの35％、欧州ECBの48％に

対し、日銀は127％に達する。異次元緩和が始まる前の同比率は30％台だったので、この間の規模拡大がいかに劇的なものだったかが分かる。

長短市場金利の抑え込みが市場機能を低下させた

日銀のバランスシートの膨張は、主として大量の国債買い入れの結果である。当初は巨額の資金供給そのものを狙いとして、2016年以降は長期金利をゼロ％程度に抑え込むことを狙いとして、日銀は国債の大量買い入れを続けた。

もし日銀が市場への関与を控え、金利を市場の自由な形成に任せていれば、長期金利はもっと高い水準で推移していたはずだ。これを力ずくで抑え込むために、大量の国債買い入れが必要だった。

前章で述べたように、FRBは、イールド・カーブ・コントロールのアイデアを棄却した。中央銀行としての独立性が脅かされるリスクを警戒してのことだったが、同時に、中央銀行が自らのモデルや理屈に頼って長期金利の水準を固定すると、「結果的に不適切な金利の上限や目標を設定しかねない」ことも危惧していた。逆に、日銀はデフレ脱却の名のもとに、適正水準からの乖離をみずから積極的につくり出しにいった形である。

では、本来、長期金利はどの程度の水準が適正だったと考えられるだろうか。経済学では、長期金利の水準は、長い目で見ると、物価上昇率の将来見通しと実質自然利子率の和に落ち着くと考えられている。

実質自然利子率とは、「引き締め的にも緩和的にも作用しない中立的な実質金利の水準」と定義される。厄介なのは、実質自然利子率が奈辺の水準にあるかは推計に頼るしかないことだ。予想物価上昇率も、人々の見方を外部から測定するのは容易でない。計算式に当てはめるには、不確実な要素が多い。

そこで、ここでは過去の実績値を計算式に当てはめ、長期金利ゼロ％程度という誘導水準が、どれほど適正水準から乖離したものだったかを探ってみたい。実質自然利子率は一定の仮定の下では潜在成長率に等しいとされることを念頭におき、ここでは、実質白然利子率に代えて実質ＧＤＰ成長率の実績を、また予想物価上昇率に代えて物価上昇率（ＧＤＰデフレーターの上昇率）の実績を代入し、長期金利の水準にあたりをつけてみたい。いうまでもなく、実質ＧＤＰ成長率とＧＤＰデフレーターの上昇率の和は名目ＧＤＰ成長率にほぼ等しいので、ここでの議論は、十分に長い期間をとれば、長期金利は名目ＧＤＰ成長率の水準に収れんするとの見方に立脚していることになる。

異次元緩和が始まった２０１３年度から２０２２年度までの10年間の名目ＧＤＰ成長率は、年率プラス１・３１％だった。実質ＧＤＰ成長率が年率プラス０・６７％、ＧＤＰデフレーター（ＧＤＰ統計の作成に利用する物価）の上昇率が年率プラス０・６４％である。この式に従えば、２０１３年時点での10年物国債の長期金利は１％台半ば近くに適正値があったと推定される。この10年は、好景気も、新型コロナの感染拡大に伴う景気停滞期も含むため、その後の期間も、長期金利の適正値は１％台半ば周辺から大きくかけ離れることはなかっただろう。にもかかわらず、日銀は現実の長期金利をゼロ％程度に抑え込み続けた。それだけ強烈な金融緩和であったといえるし、それだけ市場機能を低下させたともいえる。

こうした国債金利の極端な抑え込みは、他の金融市場にも波及した。超低水準の国債金利を眺め、投資家は少しでも高い金利を得ようと社債市場に殺到し、社債金利も大幅に低下した。貸出市場でも、貸出金利が低下した。

社債金利や貸出金利に織り込まれている信用スプレッド（国と企業の信用力の差を表すもの）も、日銀による国債金利抑え込みを眺めた投資の殺到で大幅に縮小した。

こうした影響は金融市場にとどまらず、実体経済に波及し、国や企業、家計の経済活動にも影響した。日銀にすれば需要の拡大を狙った金融緩和の効果浸透であり、市場から見れば、歯止めを失った国債発行や生産性の低い企業の生き残りに象徴される市場機能のゆがみの伝播である。

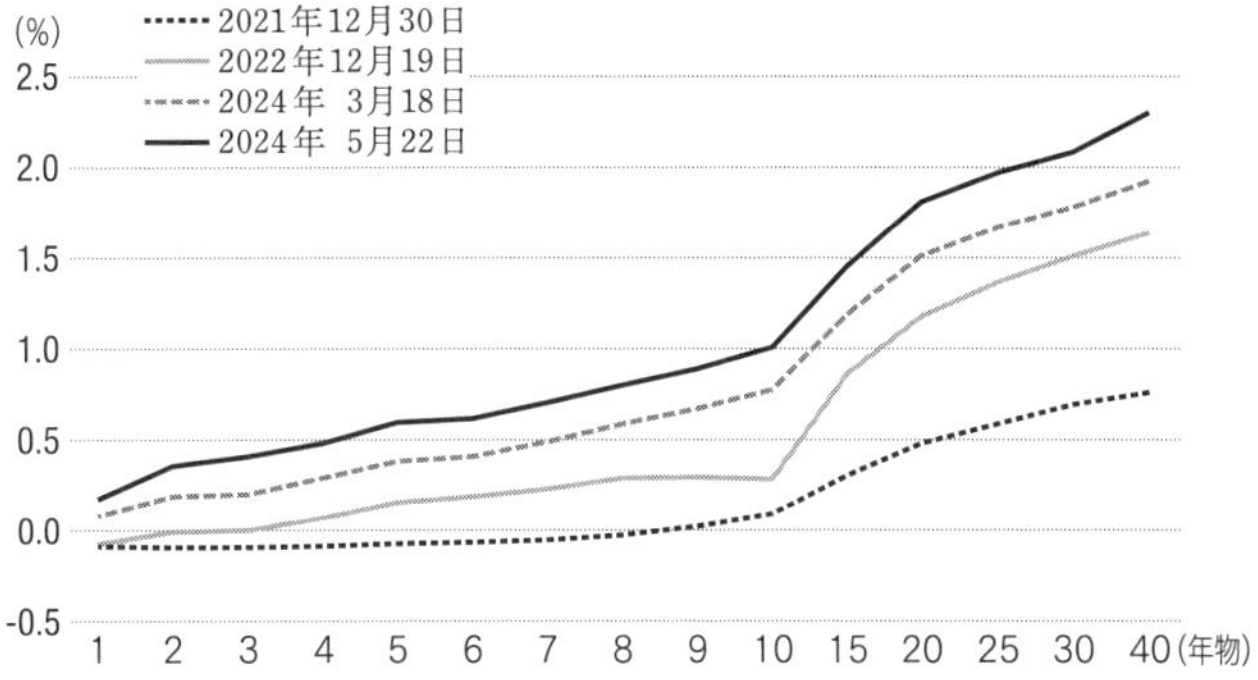

図表5-2　国債の年限別流通利回り

（出所）財務省「国債金利情報」をもとに著者作成

YCCの修正が意味したもの

ひとつ留意しておきたいのは、日銀が、2024年の異次元緩和解除までの間、イールド・カーブ・コントロール（YCC）における長期金利の変動幅を数次にわたり変更していることである。とくに2022年12月の変動幅拡大は、市場に大きな変動をもたらしたので、そのロジックにも触れておきたい。

日銀が長期金利の変動幅を±0・25%から±0・5%に拡大する直前の年限別イールド・カーブ（利回り曲線）を描くと、10年物金利だけが突出して低水準だったことが分かる（**図表5－2**の2022年12月19日のカーブ）。日銀が10年物金利に狙いを定めて長期金利のコントロールを続けていた結果である。

一方、それ以外の年限の国債金利は、世界的な物価の上昇を受けたグローバルな金利の上昇にひきずられるかたちで、じわじわと上がっていた。その結果、イールド・カーブに極端なゆがみが生まれた。

このゆがみは、社債市場にも波及し、低金利の社債に買い手がつかなくなり、多くの社債発行が難しくなった。２０２２年12月に日銀が変動幅拡大に踏み切ったのは、イールド・カーブのゆがみを是正し、社債発行の環境を整えようとするものだった。

ただし、10年物金利が突出して低かったにせよ、イールド・カーブ・コントロールのために行ってきた大量の国債購入は、多かれ少なかれ、すべての年限、すなわちイールド・カーブ全体にゆがみをもたらしていた。22年12月の10年物金利の上限を小幅に引き上げるだけではイールド・カーブのゆがみは解消されなかった。日銀に残された選択肢は、すべての年限を抑え込んで政策の一貫性を保つか、市場の自由な形成にゆだねるかしかなかった。

実際、22年12月の日銀は、10年物金利の変動幅を拡大する一方で、他の年限の金利の上昇を牽制する手段を講じ、市場に介入する姿勢をむしろ強めた。一方、23年４月に発足した植田日銀は、７月、10月と、長期金利の変動幅を２度拡大したあと、24年３月にイールド・カーブ・コントロールを撤廃した。要は、市場機能のゆがみをこれ以上放置できなくなったということである。

それでも、現状は市場機能を完全に回復するに至ったわけではない。長期金利の完全な機能回復とは、日銀が金利の決定を市場に委ね、長期金利の形成に原則として介入しない状態に移るときである。24年7月、日銀は当面2年間の国債買い入れの減額を決めたが、2年後も、事実上中途売却できない長期国債を500兆円以上抱えている姿に変わりはなく、市場機能の完全な回復には程遠い。一方で、長く、強烈な金利抑え込みを続けてきた以上、日銀が市場から完全に遠ざかれば、金利は思わぬ上下動を示しかねない。日銀は慎重なステップを踏まざるをえず、長期金利の完全な機能回復には時間を要する。

為替市場で進んだ大幅円安

市場機能のゆがみは、国債や社債、貸出の市場にとどまらず、他の金融市場にも波及した。とくに顕著に表れたのが、為替市場である。円相場は、2023年秋に1ドル＝150円まで円安が進み、2024年7月には1ドル＝161円台後半まで下落した。

為替相場には、1ドル＝160円といった名目為替レートのほかに、実質実効為替レートという指標がある。実質実効為替レートは、貿易相手国・地域の貿易額で加重平均し、さらに内外の物価変動率格差を調整して算出した指数をいう。相対的な通貨の実力を測るための総合的な指標であり、中央銀行の世界的な集まりであるBIS（国際決済銀行）が算出し、日銀のホームページ上にも掲載されている。

2024年春の円相場の実質実効為替レートは、1971年8月のニクソンショック以前の、1ドル＝360円時代をさらに下回る円安水準まで下落した（図表5－3）。1ドル150～160円という名目の為替レートは、名目値から受ける印象以上に、大きな円安である。

この動きを捉えて、日本経済に対する信認の低下、あるいは国際競争力の低下とする見方もある。もしそうであれば、きわめて深刻だ。これまでのところは内外金利差の拡大の結果とみなしてよいだろうが、十分に留意しておくべきことである。

2022年から23年にかけて、海外の金利は、物価の高騰を受けて大幅に上昇した。一方、国内金利は日銀の異次元緩和の継続によってゼロ近傍に抑え込まれ、内外金利差が拡大した。投資家は市場のゆがみを捉えて収益機会を窺う。内外金利格差が拡大しているにもかかわらず、長期債市場では、日銀による金利抑え込みによってリスクテイクの機会が限られた。その結果、市場のエネルギーは為替市場に向かった。

24年3月の異次元緩和解除後、円相場は7月に1ドル＝161円台後半まで下落した。その後、米国の景気後退懸念の台頭や内外金利差の縮小見通しから8月には1ドル＝141円台まで一挙に反転・上昇した。それでもこの水準を実質実効為替レートでみれば、ニクソンショック直前の1ドル＝360円程度に相当する円安レベルにとどまっている。

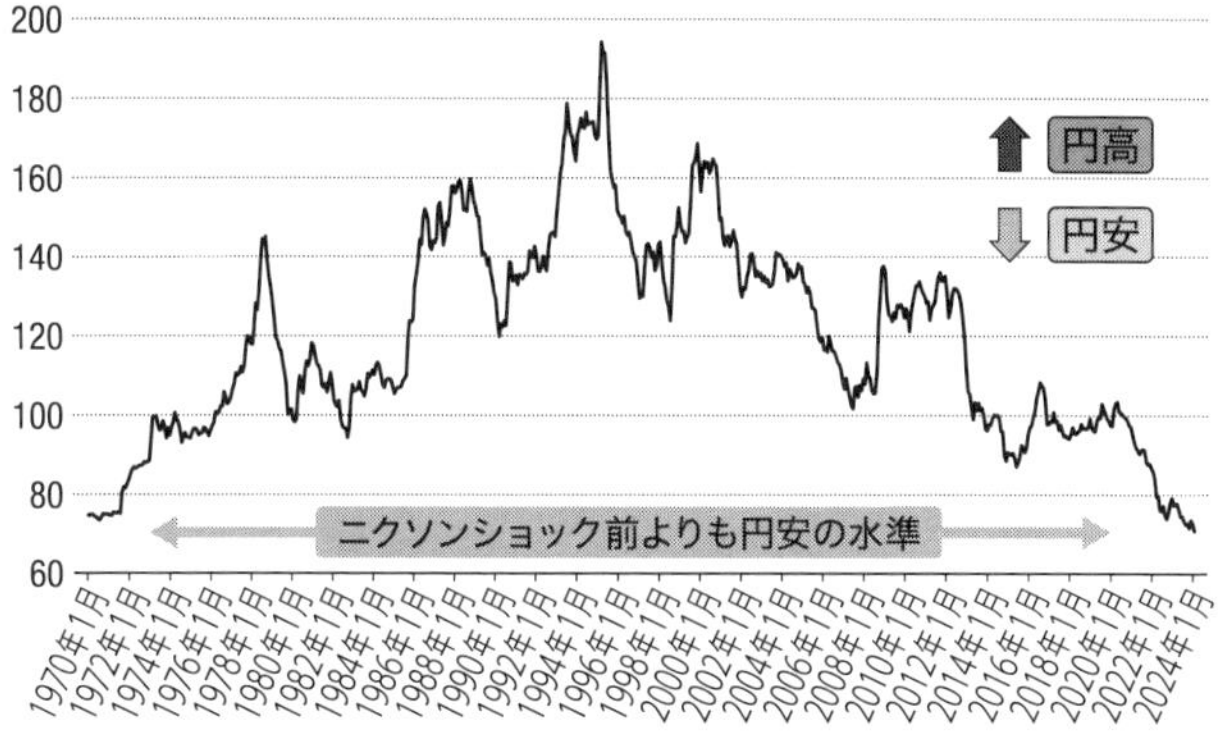

実質実効為替レートとは

相手国・地域の貿易額で加重平均した「名目実効為替レート」に、内外の物価変動率格差を調整して算出した指数。

物価上昇率が相対的に低い国は、名目為替レートが上昇することで、相手国通貨とのバランスが保たれるとの理屈に基づき、計算される。

例えば、1ドル＝100円のもとで、日米で5万ドル（＝500万円）で販売されている自動車を考えてみる。米国の物価だけが2倍となり販価が10万ドル（生産コストも2倍）になる時、円相場が変わらなければ、生産コスト500万円以下で製造可能な日本からの輸出が増える。このとき、均衡する為替レートは1ドル＝50円であり、もし相場が1ドル＝100円のままであれば、「実質円安」が進んだと観念される。

図表5-3　実質実効為替レートの推移（2020年＝100）
（出所）日本銀行「実効為替レート」をもとに著者作成

円安は日本経済にとってプラスだったか

大幅な円安のおかげで、海外からみれば、日本のモノやサービスは値段がなんでも安く見える。その結果、インバウンドの観光客が増加し、外国の投資家や個人による日本国内の土地や株式の購入も多額に達した様子だ。

一方、国内からみれば、海外のモノやサービスは値段がなんでも高く見え、海外への出張や観光を手控える動きが広がっている。それほどの円安である。

では、円安は日本経済にとってプラスなのか。日銀の為替相場に関する基本的な見解は、「経済や金融のファンダメンタルズを反映して安定的に推移することが望ましい」というものだ。この表現は、１９７０年代から一貫して変わらない。

ただし、２０２１年春に内外金利差の拡大から円安が進行した際には、日銀は異次元緩和継続の姿勢を崩さない理由として、①物価のプラス幅はいずれ縮小すること、②円安は日本経済にとって全体としてプラスであることをあげていた。のちに円相場の「短期間での過度の変動」を牽制する指摘が付け加えられたが、基本的には円安はプラスとの見解にあった。

この見方は、為替相場の変動がもたらすプラス、マイナス両面のうち一面だけを強調した表現だ。円安のプラスの側面は、前述のとおり、インバウンド観光客を増やし、消費（＝サービス輸出）の押し上げに寄与したことだ。２０２３年５月に新型コロナの感染症分類が５類に引き下げられて以降、観光地は賑わいを取り戻し、京都などではホテルの建設ラッシュが始まった。

円安が寄与するもう一つの経路は、海外投資収益の押し上げだ。貿易面では以前のような輸出押し上げ効果は小さくなったが、企業が海外投資で得た収益は、円安により円換算額が増え、株価の押し上げにつながっている。ただし、海外投資収益自体は、半分程度が海外での再投資となって海外に再還流しているため、見た目ほどには国内経済の押し上げにはつながらない。

しかし、円安がプラスに働く背後には円の対外価値の減価がある。円安は海外の人にとっては対外購買力の向上である一方、日本に住む人にとっては対外購買力の低下となる。海外からの観光客が日本で安くサービスを受けられるのは、国内の労働力が円安の結果安売りされているからにほかならない。観光業に従事する人々の収入が増えても、その収入で海外から買えるモノは減っている。これが円安のマイナスの側面だ。

海外投資も同様である。円安で投資収益の円換算額が増える一方で、海外への投資コストは膨らみ、直接投資のハードルが上がった。近年大幅に拡大した海外投資収益は、皮肉なことに、2010年代までの円高の時代に行われた対外直接投資の成果である。為替相場の動きは、プラスマイナス両面からの評価が重要である。

対外価値で見た「国富」は26%の減少

最近の円安で国内資源（労働力や自然資源）の対外価値は大幅に減価した。実感が湧きにくいので、ここでは、日本の「国富」を実質実効為替レートで割り戻して、指数化してみた（図表5－4）。国富とは国民全体が保有する資産から負債を差し引いたものをいい、内閣府の「国民経済計算」に「正味資産」として計上されている。

実質実効為替レートで換算した国富は、1990年代半ば以降減少を続けてきたが、2013年春の異次元緩和以降、さらに減少した。2013年初めから2022年末までの減少幅は26%に達する。異次元緩和は、じつは円安に多くを依存した政策だった。国内資源の対外価値を引き下げることで、物価の上昇を促そうとした政策だった。その分、対外価値でみれば、日本は貧しくなった。

もちろん、対外価値だけを重視して、足元の景気悪化を放置してよいというわけではない。しかし、景気にプラスとだけ信じて円安を続ければ、国民生活はいつまでも豊かにならない。国内資源の安売りは、いつかは止めなければならない。

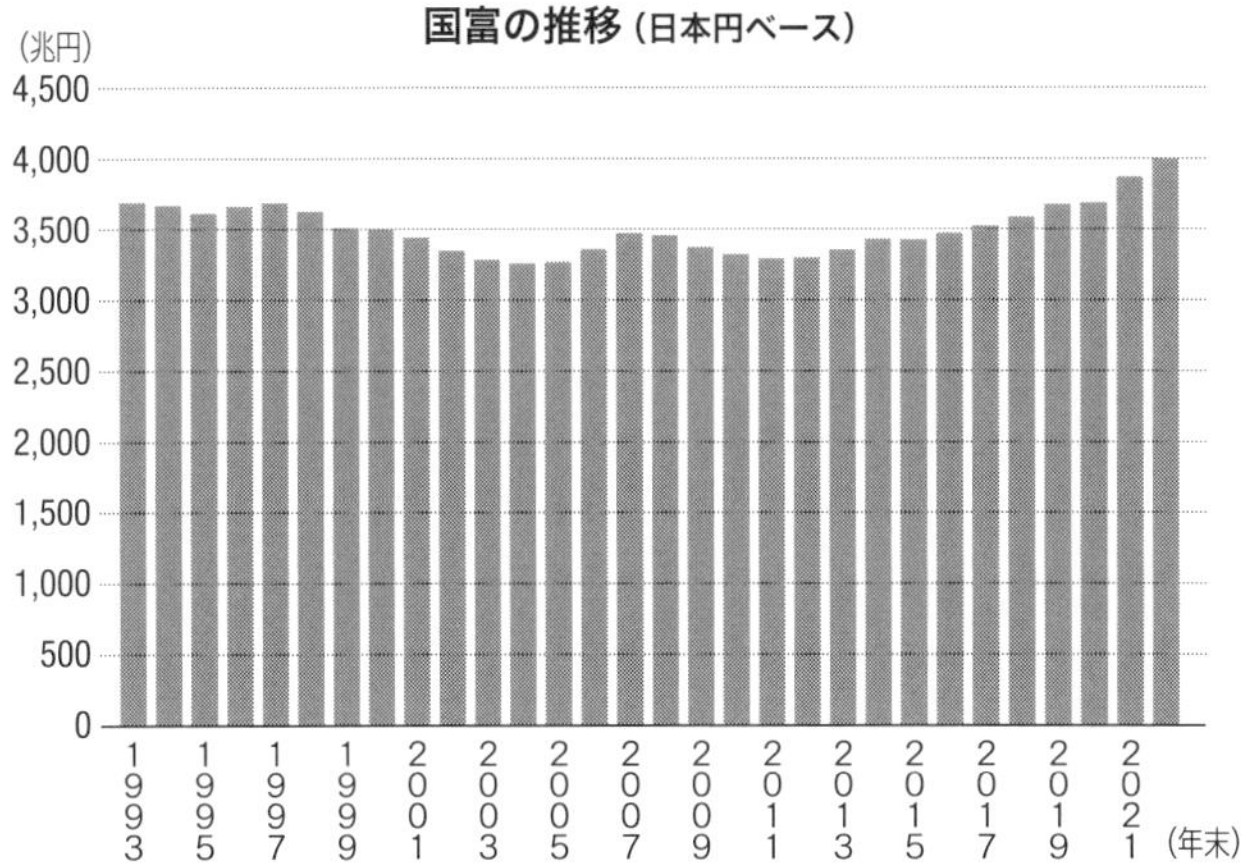

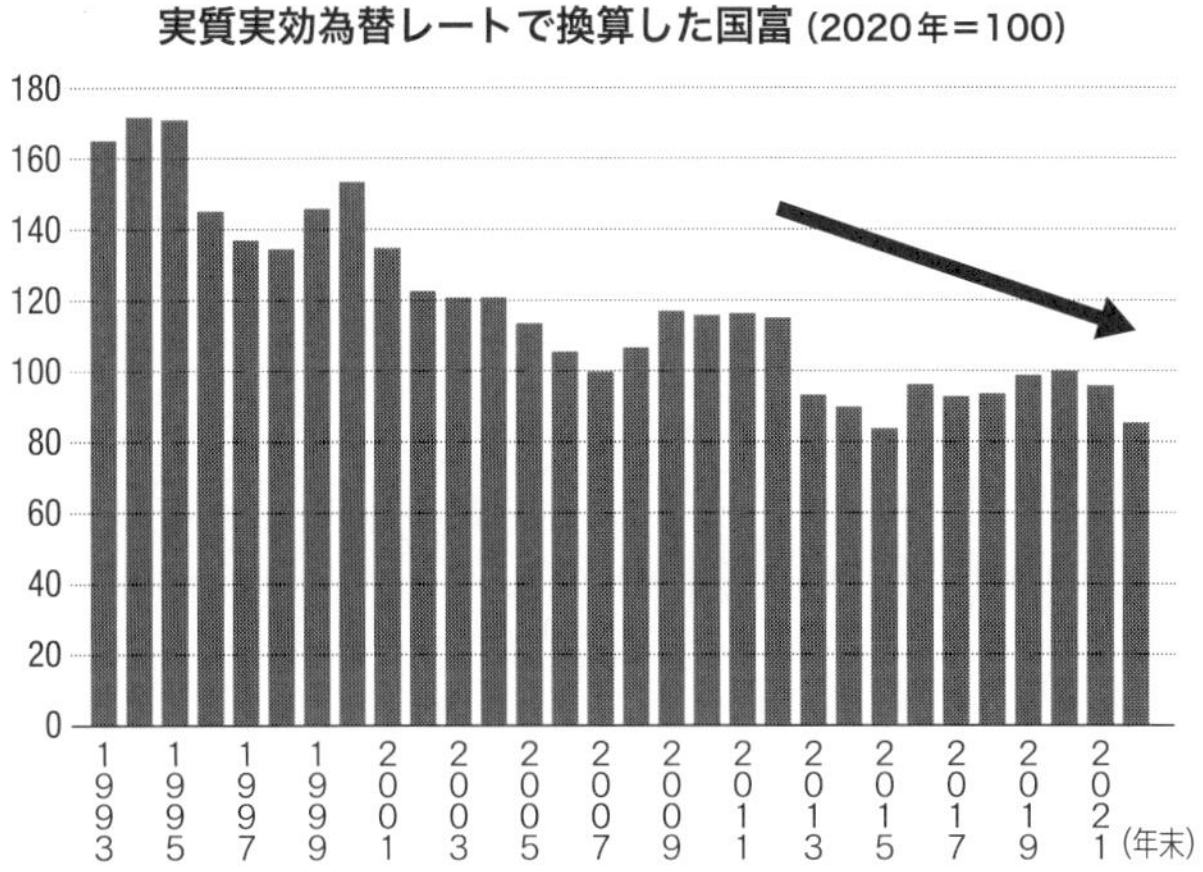

図表5-4
国富（日本円ベース）と実質実効為替レートで換算した国富の推移
（出所）内閣府「国民経済計算」、日本銀行「実質実効為替レート」をもとに著者試算、作成

「経済のファンダメンタルズ」とは、フローとしての景気、物価と、ストックとしての国内資源の対外価値のバランスの上に成り立つ概念だろう。円安はプラスという見方は常に正しいわけではなく、円高が常に正しいというわけでもない。円安が日本経済にとってプラスかどうかは、ファンダメンタルズの上下どちらに現在の相場が乖離しているかによる。

少なくとも、異次元緩和以降の円安は金融市場の金利機能を事実上止めて実現させた水準であり、ファンダメンタルズから円安方向に乖離したものであることは間違いない。金融の正常化が進む過程では、為替相場は大きく巻き戻される可能性がある。

その際、円安を前提に進めた設備投資の採算がもくろみどおりに成り立つか、懸念が残る。市場機能の低下が金融市場全体に及んだために、日本経済全体が金利、為替相場、株価の動きに一段と振れやすくなっている。異次元緩和は、やはり長く続けてよい政策ではなかった。

ETF（上場投資信託）の大量購入

日銀による市場への介入は、多額のETFの買い入れを通じて、株式市場にも及んだ。

世界の中央銀行は、市場から買い入れる対象資産として、①信用力の高い資産であること、②元本の保証があり、償還期限のある資産であること、③原則として短期の資産であること、④市場流動性の高い資産であること（いつでも市場に売却できる資産であること）、などの原則を設けている。

この原則に従えば、短期国債が中央銀行にとって最もふさわしい売買対象であり、償還期限のない株式や土地はこの原則に当てはまらない。資産の健全性の原則は中央銀行の財務の健全性維持と金融政策の機動的な運営を確保するためのものであり、通貨の信認確保のために不可欠の原則と考えられてきた。

日銀は、2000年代に2度、金融システムの安定を目的に金融機関から直接株式を買い入れたことがあるが、物価の安定を目的とする株式買い入れは一貫して避けてきた。この原則を緩め、初めてETFやJ－REITの買い入れに踏み切ったのは、2010年10月だった。

当時、2008～09年に襲ったリーマンショックからの景気回復が十分でなく、短期金利の引き下げ余地はすでになくなっていた。これを踏まえ、日銀は、「長めの市場金利の低下と各種リスクプレミアムの縮小を促す」ためとして、バランスシート上に「基金」を創設し、銀行券ルールを適用しない長期国債を購入するとともに、ETFやJ－REITの買い入れを決定した。しかし、2010年の時点では、あくまで異例の措置であることを意識し、「基金」という名の特別な枠組みのもとで上限を設けてETFやJ－REIT

の買い入れを実行していた。

２０１３年４月に開始した異次元緩和は、この「基金」を撤廃し、長期国債やＥＴＦ等の買い入れの制約を取り払った。当初「２年程度」での物価目標実現を掲げたが、目標を達成できないまま、ＥＴＦの買い入れも10年以上続いた。

異次元緩和の当初は、年間約１兆円相当と、従来比約２倍のＥＴＦ購入規模だったが、その後追加の増額を繰り返し、２０２０年５月には年間約12兆円相当とした。異次元緩和開始当初の買い入れ予定の実に12倍である。

２０２１年度以降、ＥＴＦの買い入れはペースダウンしたが、**図表５－５**に示すように、それでも日銀のＥＴＦ保有残高（簿価）は２０１３年３月末の約１・５兆円から２０２４年３月末には約37・２兆円まで拡大した。今や、国内における最大の株式投資家である。

しかも、日銀は、これらの買い入れを定期的、かつ同量ずつ行ったわけではなかった。株価が下落する都度買い入れを行い、さらに大きく下落したときは、買い入れ上限の引き上げを実施した（**図表５－６**）。

こうした日銀の買い入れ姿勢を眺め、市場はＥＴＦ買いを「株価支持の一種」と受け止めるようになった。株価の大幅下落時には、必ず日銀が出動すると信じるようになった。市場参加者の予想に、日銀による市場介入が完全に組み込まれた。

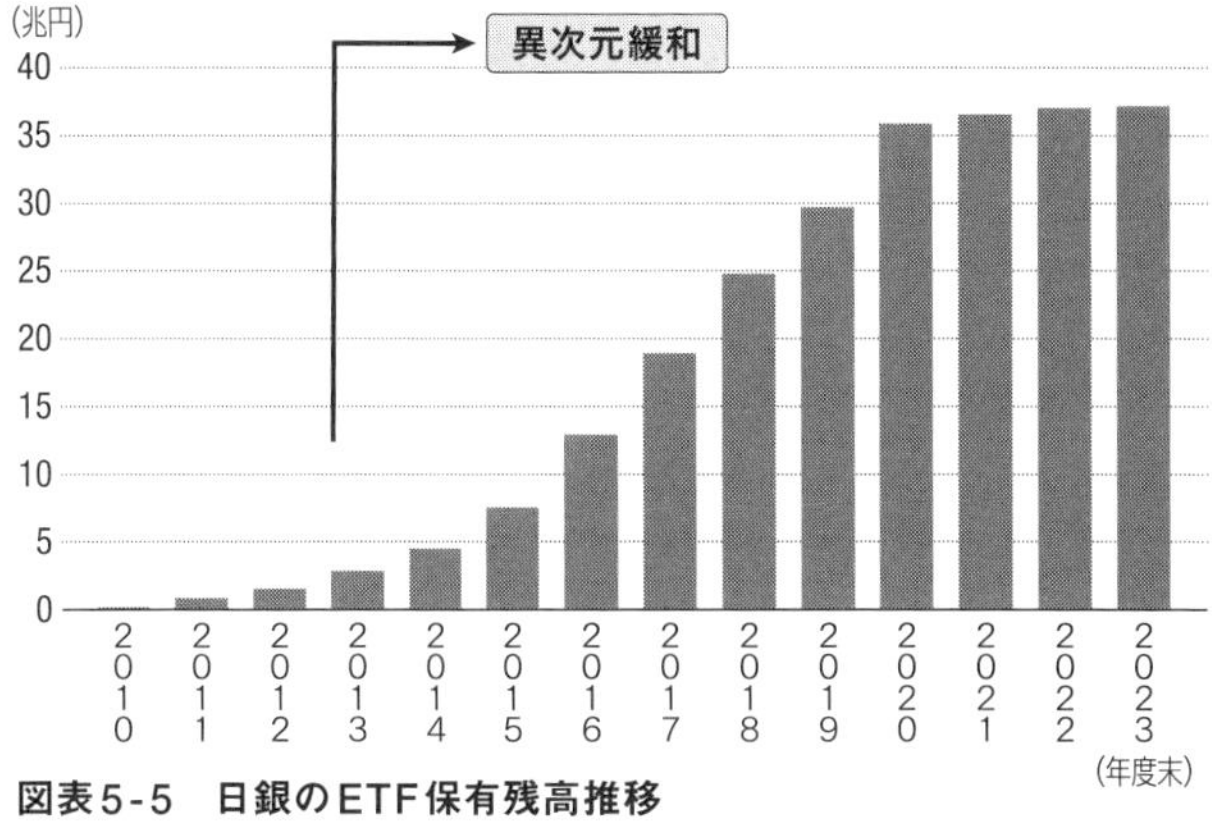

図表5-5　日銀のETF保有残高推移

（出所）日本銀行「日本銀行勘定」をもとに著者作成

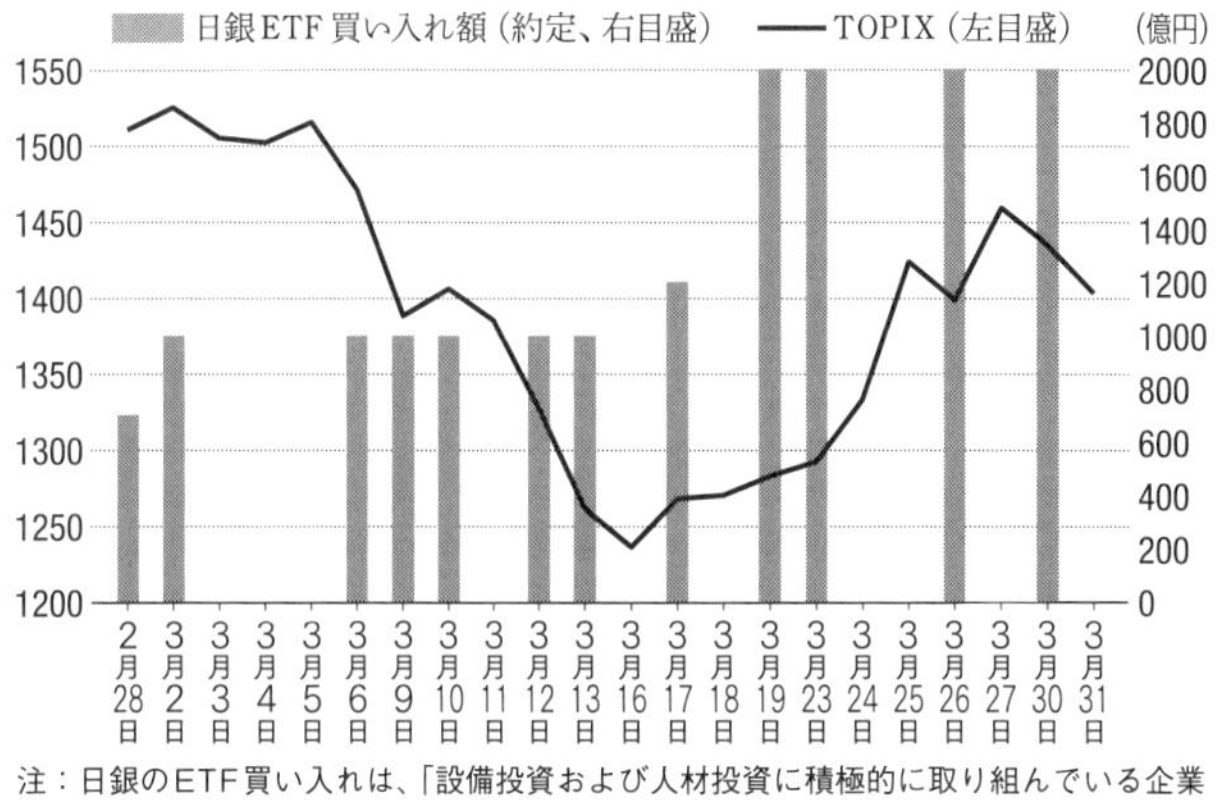

注：日銀のETF買い入れは、「設備投資および人材投資に積極的に取り組んでいる企業を支援するためのETF買い入れ」以外のもの

図表5-6　株価と日銀のETF買い入れタイミング・規模（2020/2/28～3/31を例に）

（出所）日本銀行「日本銀行関連統計／オペレーション」、各種資料をもとに著者作成

株式市場は、成長性の高い企業を選び出し、経済の新陳代謝を促す機能を担う。異次元緩和のもとでの日銀のＥＴＦ買い入れの結果、市場では、企業の業績予測とは別に、日銀がどの程度株価が下落すればＥＴＦの買い入れに踏み切るかを見極める時期が続いた。これは、株式市場の機能を損なう。その危うさを承知しているからこそ、ほぼすべての中央銀行は株式市場から距離を置いてきた。

日銀は、24年3月の異次元緩和解除とともに、ＥＴＦとＪ－ＲＥＩＴの買い入れを停止した。しかし、今後、株価が大きく下落するときには、市場や政治から日銀に対し再びＥＴＦの買い入れを求める声が高まるだろう。これに、日銀はどう対処するか。また、積み上がったＥＴＦをどう減らしていくのかが、今後の焦点となる。

保有するＥＴＦの圧縮は、株価の動きに大きな影響を与えないよう、細心の注意が払われなければならない。最も考えやすい手法は、毎営業日、あらかじめ公表した小規模の金額相当分をコンスタントに市場で売却することだろう。前もって明らかにされた少額のコンスタントな売却であれば、市場価格への影響を最小限に抑え込むことができる。

試算は難しいが、東証プライム市場の1日当たり売買金額の0・1％ないし0・2％の金額をコンスタントに売却しようとすれば、すべてのＥＴＦを売り終えるのに、それぞれ60～70年ないし30～40年かかる計算結果となる。試算は相当の幅をもってみる必要があるが、それほど時間のかかる厄介な課題であることは間違いない。

新陳代謝が阻害され、低生産性企業が生き残る非効率経済に

以下、市場機能の低下が、各経済セクターにどのような影響を及ぼしたかを見てみよう。国の財政規律の緩みについては、前章で詳しく述べた。ここでは、企業の新陳代謝の遅れと金融システムの弱体化を取り上げる。市場機能の低下が長く続いただけに、その影響は甚大である。

第1に、長期にわたる超低金利と大量の資金供給は生産性の低い企業の温存につながった。低生産性企業が多数残存すれば、経済の活性化は進まない。資本主義に本来内包されたメカニズムは、良質の製品やサービスを提供する企業に労働力や資本が集まり、経済全体として生産性が上がるプロセスだ。

しかし、新陳代謝が阻害されると、値下げ競争が活発になり、イノベーションが起きにくくなる。労働力などの移動も起こりにくい。低生産性企業であっても市場に残れるので、働く人々もとりあえず職場を変えずに済むからだ。

もちろん、低生産性企業の温存は、異次元緩和だけに原因があるわけではない。政治も、多くの企業を温存しようとして、補助金や給付金の提供、低利融資の供給策を講じてきた。

新型コロナの感染拡大時のような緊急の場合には、それもやむをえない。過去の緊急時にも、こうした措置はしばしば採用されてきた。しかし、いったん緊急措置が講じられると、いつまでも解除されないまま続くのが、わが国の慣性である。

一例として、リーマンショック後に導入された「中小企業者等に対する金融の円滑化を図るための臨時措置に関する法律」（以下、「中小企業金融円滑化法」）の経緯をとりあげてみよう。

中小企業金融円滑化法は、リーマンショック後の厳しい金融経済情勢を踏まえ、金融機関に対し、貸し付け条件の変更などで中小・零細企業や住宅ローンの借り手への支援を求めるものだった。

この法律は時限立法で、２０１３年に法律の期限が切れた。しかし、金融庁はその後も貸し付け条件変更にかかる実施件数の報告を金融機関に求め、実務を継続した。この報告徴求は２０１９年になってようやく解除されたが、２０２０年の新型コロナショックを受けて再開され、現在に至っている。

２００９年から２０２３年までの14年の間に、同報告が解除された期間はわずか１年しかない。ちなみに、２０２０年３月の報告徴求再開後、２０２４年３月までの４年間に、中小企業から金融機関が受け付けた条件変更申し込みは約１５６万件。うち金融機関が条件変更に応じた割合は98・９％とされている（**図表５－７**）。異様なまでの比率の高さが、

債務者が中小企業者である場合　(単位：件)

	申込み	実行(A)	謝絶(B)	審査中	取下げ	A/(A+B)
主要行等(9)	249,694	232,044	6,927	5,692	5,031	97.1%
地域銀行(100)	1,311,494	1,257,869	10,132	20,118	23,375	99.2%
その他の銀行(76)	1,584	1,380	106	17	81	92.9%
合計(185)	1,562,772	1,491,293	17,165	25,827	28,487	**98.9%**

図表5-7　金融機関における貸し付け条件の変更等の状況（2020年3月10日から2024年3月末までの実績）

（出所）金融庁「金融機関における貸付条件の変更等の状況について」より

日本がいかに資本主義システムから逸脱してしまったかを示すもののように見える。

企業の資金繰り支援措置は、いったん始まるとなかなか止まらない。企業倒産の抑制は、短期的には社会の安定をもたらすが、長い目で見れば新陳代謝を遅らせ、経済の生産性を低下させる。

異次元緩和による超低金利と資金の大量供給は、そうした動きを後押しした。異次元緩和の期間中の企業倒産件数は、それ以前の20年間に比べてはるかに少なく、１９８０年代のバブル期並みの低さとなった**（図表5－8）**。新陳代謝が進まなかったことの証しである。

著者は、物価が上がりにくい環境が続いた理由には、生産性の低い企業の温存が恒常的な値下げ競争を生み出してきたことにあるとみている。ある産業に生産性の低い企業が複数残存すれば、一部の企業がどんなに

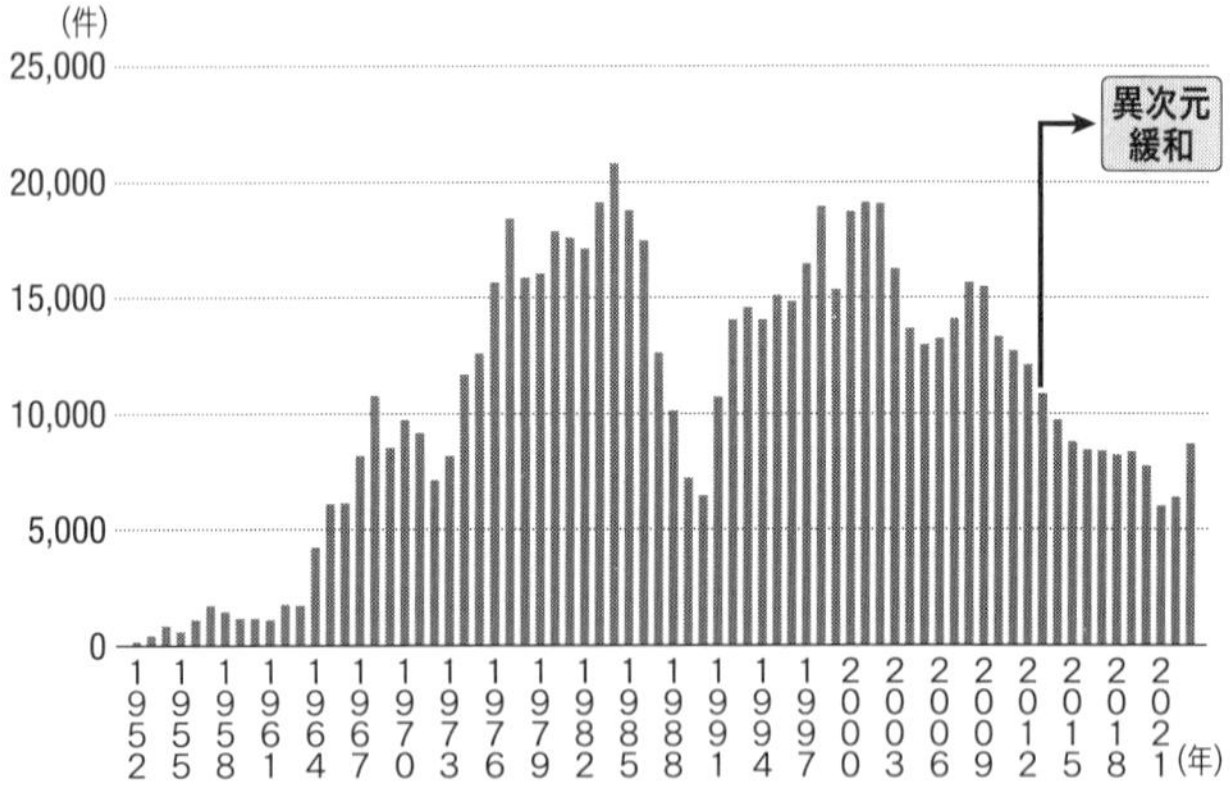

図表5-8　全国企業倒産件数の推移

(出所) 東京商工リサーチ「全国企業倒産状況」をもとに著者作成

生産性向上の努力をしても、生産性の低い企業が主導する値下げ競争に巻き込まれやすい。

物価を押し上げようとして行った異次元緩和だったが、生産性の低い企業の温存を通じて、むしろ過当競争を引き起こし、経済の停滞を長引かせたように見えてならない。

弱体化した金融システム

異次元緩和は、金融機関経営に二つの重荷を背負わせた。

一つは収益の低下だ。預金金利がゼロ%に張り付く一方で貸出金利の低下が続いたため、銀行の基本的な収益源である総資金利ざやはゼロ近傍まで縮小した。総資金利ざやとは、貸出金や有価証券の利息などを指す「資金運用利回り」から、預金金利や経費などの「資金調達原価」を差し引いたものをいう。金融機関は経費の圧縮で対抗したが、それでも収益は大幅に減少した。

もう一つは、収益の低下をカバーするために、超長期の債券や外国債券、投資信託、J－REITなど、よりリスクの高い投資へと向かわざるをえなくなったことである。結果的にハイリスク・ローリターンの資産構造（高めのリスクと低めの収益率の組み合わせ）が定着し、多くの銀行で、内外金利や株価、不動産価格の変動に対して脆弱な構造ができあがった。

異次元緩和の当初、日銀は金融機関に対し厳しい姿勢をとった。2016年4月の定例記者会見では、黒田総裁は「金融政策は、金融機関のためにやっているものではなく、日本経済全体のためにやっている」「金融機関が賛成するか反対するかで、金融政策を決めることはない」と述べている。

発言を文字通り受け止めれば、その内容は間違いではない。しかし、銀行は金融市場で貸し手と借り手をつなぐ役割を担っている。もし仲介役の体力が弱まれば、金融市場の機能は低下してしまう。そうなれば、金融政策の効果も弱まらざるをえない。そうした全体観のもとでは、なかなか出てこない発言だった。

実際、その後金融機関の仲介機能は弱まり、日銀自身も金融システムへの配慮を強めざるをえなくなった。2021年以降、金融政策決定会合に対する執行部からの報告に、金融システム情勢に関する報告が付け加えられた。前章で述べたボルカー元FRB議長の「金融システムの機能停止こそが真のデフレをもたらす」との見解に照らしても、欠かせないピースだっただろう。

注目点は、第1に金融機関収益の低迷によって、金融システム全体として金融仲介機能が低下していないか、第2に過度の金融緩和が、金融機関に過度のリスクテイクを促し、金融システムを不安定化させる恐れはないか、の2点である。後者は、過去、バブルの発生と崩壊で苦い経験をしている。

貸出市場から遠ざかる都銀、地銀は日銀支援をテコに貸し出しを拡大

都市銀行では、2016年1月の日銀によるマイナス金利政策の導入をきっかけに、新規の貸出金利が劇的に低下した（図表5－9）。スプレッド貸しと呼ばれる市場金利連動型の短期貸し出しが多かったためだろう。貸出金利の低下は著しく、都銀は総資金利ざやがマイナスに転落しかねない事態に陥った。

以後、都銀は貸出量の拡大を控え、金利が相対的に高い貸し出しにシフトするなどして、利ざや重視の姿勢を鮮明にした。この結果、都銀の貸出金利は反転し、総資金利ざやも、

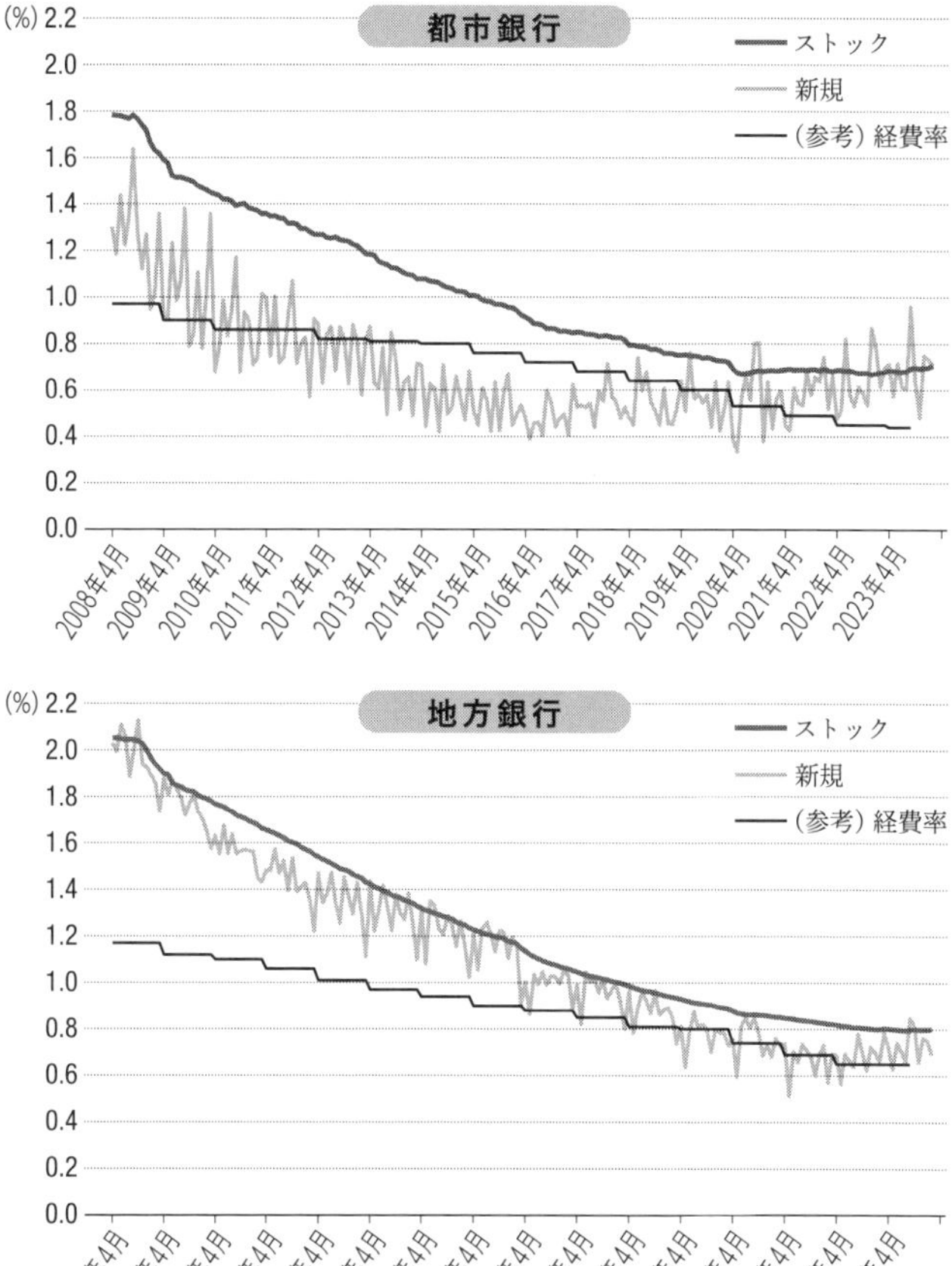

注：「新規」は当月中に実行した貸し出しの約定平均金利、「ストック」は当月末に残高のある貸し出しの約定平均金利

図表5-9　貸出約定平均金利（総合）の推移

（出所）日本銀行「貸出約定平均金利」、全国銀行協会「全国銀行財務諸表分析」をもとに著者作成

薄利ながらも安定した。

一方、地方銀行では、貸出金利の低下が続いた。ある意味、奇妙なことだった。都銀の貸出金利の下げ止まり・反転から見て取れるように、2016年以降、銀行の金融仲介機能はほぼ限界に達していたはずだ。地銀の経営体力が、都銀対比でとびぬけて高いわけではない。多少の時期のずれはあるにせよ、このままでは地銀も貸出金利を下げ難い状況になっていただろう。

これを見て取った日銀は、地域金融機関に対して様々な収益支援を繰り出して、貸出金利の低下継続を促した。

「貸出支援基金の運営として行う貸出増加を支援するための資金供給」の制度では、貸し出しを増やした銀行に優遇金利を適用した。新型コロナの感染拡大時には、日銀当座預金に上乗せ金利を付して、貸し出しの増加を促した。さらに、金融システム面からの政策として「地域金融強化のための特別当座預金制度」を導入した。これは、①経費率の改善等を通じて経営基盤を強化した地域金融機関や、②経営統合等により経営基盤の強化を図る地域金融機関に対して、補完当座預金制度に基づく付利（金利提供）に加えて、当座預金残高に年プラス0・1％の追加的な付利（特別付利）を行うものだった。

こうして地銀の金融仲介機能は日銀の支援でなんとか維持された。しかし、日銀のこれらの政策を大局的にみれば、違和感の残るものだった。

第1に、銀行の利ざやは、多少の弥縫策ではさしたる改善は期待できなかった。日銀からの収益支援のほとんどが、貸出金利の低下となって借り手企業側に移転するためである。結果的に地域金融機関の収益改善に寄与する割合は小さかった。

この結果、地域金融機関の利ざやは今でも低水準にある。今後金融政策の正常化が進めば、企業倒産の増加は避けられない。現行の利ざや水準で信用コストを吸収しきれるかどうかは微妙である。それまでに貸出金利を立て直し、利ざやの回復を図れるか、地域金融機関はむしろこれから正念場を迎えることになる。

第2に、貸出支援の制度などによる地銀に対する収益支援は、異次元緩和の根幹であるマイナス0・1%の短期金利の政策効果を減殺するものだった。右手でマイナス金利を適用して金融機関に金利の支払いを要求し、左手でプラスの優遇金利を適用して金融機関に金利を支払う。これでは、なぜマイナス金利を採用しているのかが分からない。結局、マイナスの短期金利は、金融緩和のシンボル的な意味合いしかなくなったように見え、24年3月、異次元緩和の解除とともに終了した。

異次元緩和が金融機関に重い負担を背負わせ、金融システムを弱体化させたことは間違いがない。様々な収益支援の措置の導入は、日銀自身が金融機関の仲介機能低下に苦しんでいた証しだろう。

ハイリスク・ローリターンの資産構成への変化

金融機関が直面した「ハイリスク・ローリターンの資産構成」への変化は、異次元緩和を通じて日銀が政策的に狙ったものだった。

国内の短期金利をマイナス0・1%に引き下げ、国債金利もゼロ%程度まで押し下げたことで、貸出金利や社債金利も大幅に低下した。社債に内包された信用スプレッドも押し下げられた。

苦境に追い込まれた金融機関は、国内運用を、償還までの期間が長い地方債や社債、ETFやJ－REITなど、ハイリスクの資産にシフトした。外国証券への運用を増やす都銀や地銀も相次いだ。

日銀はこうした資産構成の変化を、ポートフォリオリバランス（資産構成の再構築）と呼んで、当初は好ましい動きとみなしていた。銀行が長期債の保有を増やせば、長期金利の低下が一段と進む。ETFやJ－REITへの投資が増えれば、株価や不動産価格が押し上げられ、経済全体によい効果が生まれる。例えば、資産を保有する家計が、含み益の増加をテコに消費を増やす可能性が高まる。外国債券への投資は、為替相場の円安をもたらす。いずれも、金融緩和の強化につながる。これが日銀の理屈だった。

他方、金融機関は、金利の上昇や為替相場、株価、不動産価格の変動に脆弱となった。そのリスクが典型的に表れたのが、2023年秋に米国金利が急上昇した局面だった。多くの邦銀で、外債に多額の含み損が発生した。幸い、各行とも比較的慎重なリスク管理を行っていたため、自己資本を大きく棄損する事態は免れた。

年に2回日銀が公表する「金融システムレポート」も、個別行ごとのばらつきは大きいものの、全体としてみれば金融システムは安定していると評価している。

今後も内外金利の上昇は含み損の拡大要因となる。株価の下落はETFに、また不動産価格の下落はJ－REITに含み損を発生させる。海外景気の悪化は、海外のクレジット性資産（社債など）の価格を下落させる。金融庁や日銀にとって、引き続き注意が怠れない。

金融システムをめぐるショックは、常に宴の後にやってくる。リーマンショック後の海外金融機関の相次ぐ経営蹉跌も、今次の物価高騰局面での米国中堅地銀の破綻も、すべて大胆な金融緩和のあとの出来事である。国内でも、一部の金融機関で、海外投資の含み損や売却損の拡大から他に増資を仰ぐ事態が生じている。それぞれは個別金融機関のリスク管理の問題であるが、背後にハイリスク・ローリターンの運用を促した異次元緩和の存在があることも忘れてはならない。

「（真の）デフレは金融システムの機能停止という重大な局面に陥った時、脅威として突きつけられる」――私たちは、ボルカー元ＦＲＢ議長の言葉を重く受け止める必要がある。

第6章

異次元緩和の「罰」　その1

出口に待ち受ける「途方もない困難」

植田日銀の多難な船出

黒田体制のあとを受け、２０２３年4月に発足した植田新体制は、多くの制約と課題を抱えた中での船出となった。その一端を垣間見るシーンは、すでに就任前からあった。

新しい日銀総裁、副総裁の候補に推挙されると、国会でみずからの所信を述べ、議員との質疑に応じる慣行がある。日本銀行法は「総裁及び副総裁は、両議院の同意を得て、内閣が任命する」と定めており、国会での所信表明と質疑のあとに、両院で同意のための採決が実施される。２００８年の衆参ねじれ国会の際には、総裁候補、副総裁候補が所信表明と質疑を行ったあとに、国会で不同意とされるケースが相次いだ。

２０２３年2月末に行われた参議院議院運営委員会での植田総裁候補に対する質疑では、自民党の世耕弘成参議院幹事長（当時）が質問に立ち、「経済産業大臣などの立場で関わってきたものとして確認したいが、安倍政権の経済政策、『アベノミクス』をどう評価するか」と質した。メディアは、これを安倍派議員による異次元緩和継続のための牽制と報じた。

質問に対し植田氏は、「日銀と政府の共同声明に沿って必要な政策を実行し、結果としてデフレではない状態を作り出した」と述べ、「インフレ率が持続的・安定的に2％を達成するよう続けるという意味で踏襲する」との慎重な答弁を行っている。

植田総裁の就任時には、消費者物価はすでに1年にわたり前年同月比2％超えが続いていた。しかし、日銀はこれを「2％の持続的、安定的な達成」とは認めず、異次元緩和を継続していた。

他方、政府は、物価の高騰対策に乗り出し、ガソリン価格や電気料金が抑制されるよう、補助金の交付を始めた。政府が物価上昇の抑制に努める一方、日銀が物価上昇の持続に努める構図は、経済政策の整合性を疑わせる事態だった。

ちなみに、２０２３年11月に政府が決定した「デフレ完全脱却のための総合経済対策」では、５本柱の第１に「足元の急激な物価高から国民生活を守るための対策」を掲げている。この事実から分かるように、政府によるデフレとインフレ（物価高）の言葉遣いは、一般の理解とは異なる。多くの国民にとって、デフレとインフレは反対語だが、政府の対策では併存可能な用語のようだ。巨額の財政支出と長期にわたる異次元緩和の背後には、こうした巧妙な言葉遣いがあった。

確認困難な「物価と賃金の好循環」

植田新総裁は、就任当初から一貫して異次元緩和を否定しない姿勢を維持してきた。その上で、長期金利に限っては、タイミングを計りながらコントロールの緩和に努めてきた。

2023年7月、前年（2022年）末に拡大した±0・5％程度の金利変動幅を「目途」と呼び替え、事実上1・0％までの上昇を容認した。さらに同年10月には、名実ともに上限を1・0％に引き上げ、この水準を超える場合も柔軟に運営する姿勢を明らかにした。

植田総裁は、就任以前から、長期金利の抑制が金利機能を低下させることへの懸念を表明しており、そうした理解に立った対応だった。

一方、金融政策の本丸である短期金利のコントロールは、「物価2％を安定的に持続するために必要な時点まで」異次元緩和を継続するとの方針を維持し、総裁就任後もマイナス0・1％を約1年間続けた。その際、日銀が「持続的、安定的な物価目標の達成」を見通すための判定材料としてあげたのは「物価と賃金の好循環」の蓋然性の高まりだった。

この物価目標達成の判定材料は、黒田総裁時代の終盤期に付け加えられたものだった。2022年6月、「値上げ許容度」発言が世間から批判を浴びた日銀は、発言の撤回に追い込まれた。黒田総裁が講演の中で行った「企業の価格設定スタンスが積極化している中で、日本の家計の値上げ許容度も高まってきているのは、持続的な物価上昇の実現を目指す観点からは重要な変化だ」との発言だった（2022年6月6日きさらぎ会での講演）。

それまで、物価が上がらない理由として「適合的期待」（第7章で詳述）の存在を繰り返してきた日銀にしてみれば、家計の値上げ許容度が高まるのは望ましい変化に見えたのだろう。しかし、国民の受け止め方は違った。国民は２０２２年春以降の生活費の値上がりに苦しんでいた。物価目標２％をかたくなに守ろうとする日銀と、物価上昇率０％を前提に生活設計を行っている家計の間に、大きな認識のギャップがあった。

以後、日銀は、「値上げ許容度」を連想させる発言は控え、「物価と賃金の好循環」への言及を増やした。賃金の上昇を強調することで、国民に寄り添う姿勢を示す狙いもあったのだろう。植田総裁も、持続的、安定的な物価目標達成の判定材料として「物価と賃金の好循環」を確認する姿勢を継続した。

しかし、この判定材料にはいくつかの疑問があった。まず、「物価と賃金の好循環」といえるためには、少なくとも賃金の伸びが物価の上昇率を上回り、プラスの実質賃金がある程度の期間、定着する必要がある。しかし、足元の実質賃金は長期にわたりマイナスが続いていた。

賃金は物価を後追いする傾向の強い指標（遅行指標）なので、物価が上昇する局面で実質賃金がマイナスとなるのはやむを得ない。しかし、大企業の賃上げ動向は春闘の動きで分かるものの、中小・零細企業を含む全体を把握できるのは、例年、秋以降のタイミングとなる。将来の物価見通しを前提に金融政策を判断するにしても、春闘だけで全体を判断するるのはリスクがあった。

また、物価と賃金の関係には、好循環も悪循環もある。中央銀行が苦しんできたのは、むしろ物価と賃金の悪循環の方だった。1960年代〜80年代の米国、1970年代の日本、1980年代〜90年代の南米と、その例は枚挙に暇がない。ならば、好循環であれ悪循環であれ、物価の上昇局面では、金融を引き締める（あるいは金融緩和の程度を弱める）のがオーソドックスな対応だ。悪循環ならば、なおさら早く引き締めに転じなければならない。なぜ、好循環の見極めにそれほど時間をかけなければならないのか、疑問が残った。

非正規シフトで名目賃金も上がりにくい社会経済構造

賃金の動向は、日本経済の縮図である。経済の実相を知るためにも詳しく見ておこう。厚生労働省が毎月発表する毎月勤労統計調査によれば、日本の実質賃金指数は2022年4月から2024年5月まで、26ヵ月にわたり前年比マイナスが続いてきた（**図表6－1**）。実質賃金は、名目賃金指数を消費者物価指数（持家の帰属家賃を除く総合）で割って計算される。同消費者物価指数の高止まりが、実質賃金の押し下げに寄与していた。24年6月にようやく前年比プラスに転じたが、前述のとおり、所定内給与や時間外手当などの「きまって支給する給与」の実質賃金は依然前年比マイナスに沈んでおり、予断は許さない。

同時に、実質賃金の低迷には名目賃金（現金給与総額）が思いのほか上昇しなかったこと

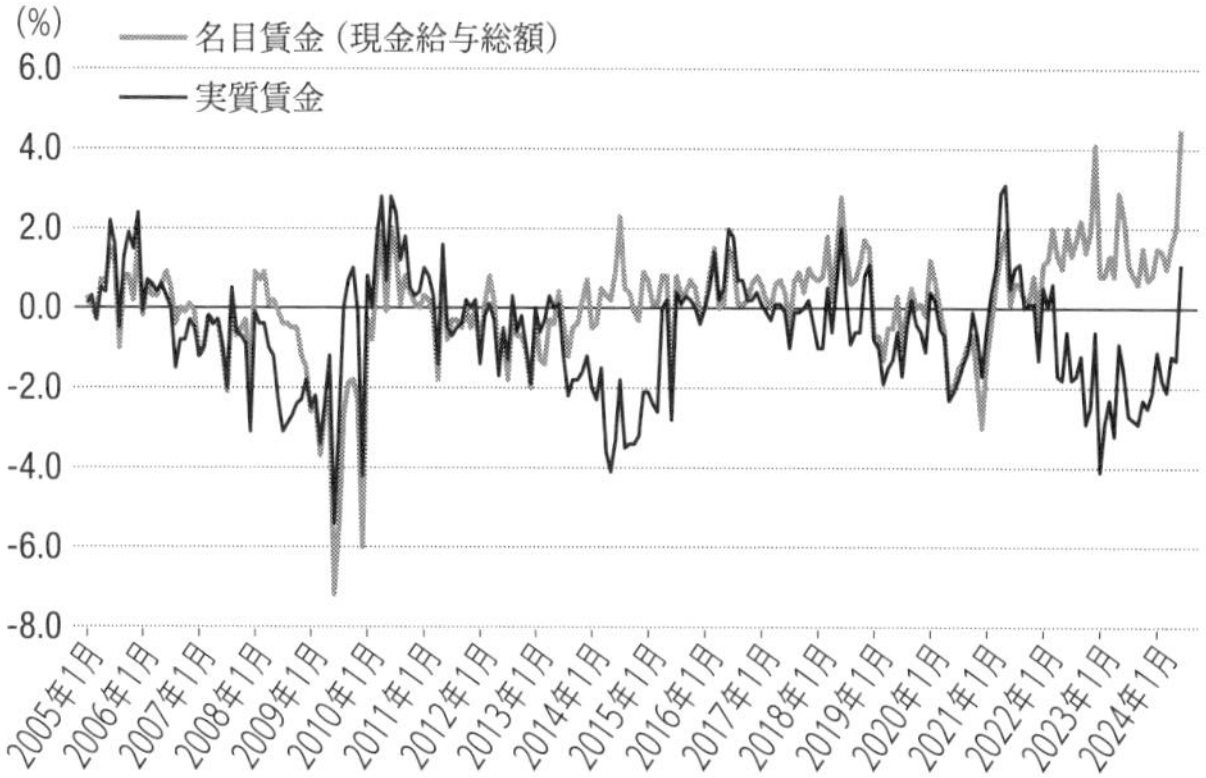

注：事業所規模5人以上。直近は2024年6月

図表6-1　名目賃金、実質賃金の前年同月比推移

（出所）厚生労働省「毎月勤労統計調査」をもとに著者作成

も影響した。２０２３年は春闘で大幅賃上げが実現した年であり、経団連の発表によれば、大手企業は前年比３・９９％の賃上げを実現していた。にもかかわらず、毎月勤労統計調査の名目賃金は２０２３年中、前年比プラス１・２％しか伸びていない。

同調査には、雇用形態による内訳として「一般労働者」と「パートタイム労働者」の２区分がある。２０２３年中のそれぞれの名目賃金前年比は、一般労働者プラス１・８％、パートタイム労働者プラス２・４％だった。にもかかわらず、全体の平均はプラス１・２％にとどまった。内訳項目の「一般労働者」、「パートタイム労働者」のそれぞれが一定の伸び率を示しながら、全体平均は両者の伸び率を下回るという一見奇妙なことが起きた。

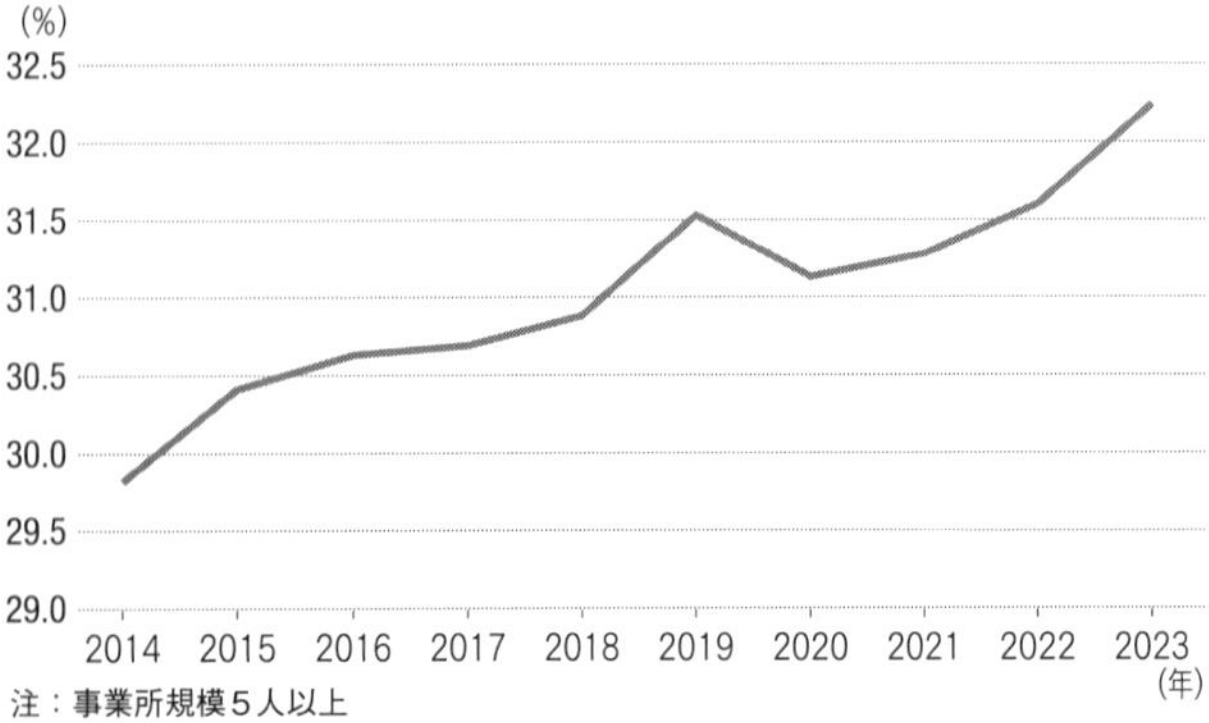

注：事業所規模５人以上

図表6-2　毎月勤労統計調査：パートタイム労働者比率の推移

(出所) 厚生労働省「毎月勤労統計調査」をもとに著者作成

これは、企業が正規雇用を抑え、相対的に賃金の低いパート中心に雇用を増やした結果である。模式的に言えば、１日８時間働く正規雇用者１人に代えて、１日４時間働く非正規を２人雇用する方が１人当たりの賃金は低くなる。この場合、パートタイム労働者の賃金が大幅に上昇しても、加重平均した全体平均の伸び率は低くなる。

パートタイム労働者の構成比が高まり続けたこと（**図表6－2**）、すなわち非正規労働力に依存しなければ、採算を成り立たせることのできない企業が多く存在していること、また、職場や家庭での働き方の制約から、正規よりも非正規を指向せざるをえない労働力が存在することが、１９９０年代以降の日本経済の特色である。その事実を如実に示す結果だった。

加重平均した名目賃金がなかなか上がらない事

実からうかがい知れるのは、原材料コストと賃金コストの上昇に苦しむ中小・零細企業の姿だ。

マイナスの短期金利の解除

金融政策としては、先行する大企業の春闘の賃上げ結果を見て判断するのか、秋以降にはっきりしてくる中小・零細企業を含めた統計を待って判断するのか、難しい課題だった。しかし、そのまま秋まで待つのは、ただでさえオーバーシュート型と称して、金融引き締めのタイミングを本来よりも遅らせてきた政策をさらに先送りするものとなる。前述のとおり、物価と賃金の関係が好循環であれ悪循環であれ、物価の上昇局面では、金融緩和を修正するのがオーソドックスな金融政策である。

２０２４年入り後の経済は、日銀にとっては幸いなことに物価２％台の継続を示唆する情勢となった。第１に、世界的に物価が高止まりしていた。第２に、新型コロナ明けに伴う需要の拡大と円安を背景とするインバウンドの需要増大があった。第３に、団塊世代の後期高齢者入りを背景に、国内の人手不足感が強まった。春闘では、大企業で２０２３年を上回る賃上げの実現がほぼ確実な情勢となった。

こうした情勢を踏まえ、日銀は物価目標２％の持続的、安定的な実現が見通せる状況になったとして、異次元緩和の解除を決定した。2024年春の時点で好循環が見極められたとするのは一種の賭けにも見えたが、黒田体制下からの判定材料をそのまま受け継いだ判断ともいえるし、異次元緩和から一歩先に踏み出した判断にも見えた。その意味では絶妙のタイミングだった。

金融政策は当座預金への付利金利の上げ下げで

発足後1年で異次元緩和からようやく一歩脱することのできた植田日銀だが、真の困難はむしろこれからにある。課題は、大きく分けて2つある。第1は、当面の金融政策のあり方であり、第2は、異次元緩和の負の遺産である国債保有残高の圧縮だ。

第1の課題である当面の金融調節は、過去の出口とは異なり、日銀当座預金への付利金利の変更で対応していくことになる。経済学の基本的教科書では、金融調節の柱として「公開市場操作」、すなわち短期国債などの金融市場での売買が挙げられている。だが、今後はその活用余地は限られる。日銀のバランスシートの構造が全く変わってしまったからだ。

前回、日銀が量的緩和を解除し、金利ある世界に復帰したのは、2006年3月だった。量的緩和からの収束を決めた同年3月末の日銀バランスシートは総資産が約145兆円であり、うち1年以内に満期を迎える国債や買入手形等の資産が総資産の3分の2を占めていた（**図表6－3**）。資産のほとんどが短期資産だったので、期日の到来の都度これを落としていけば、短い期間で出口を完了させることができた。

実際、同年3月末の当座預金31兆円を当時の「平時」の水準10兆円程度に戻すのには、4ヵ月程度しかかからなかった。

一方、2024年3月末の日銀の総資産は約756兆円と、2006年3月末の5倍以上に達している。このうち、短期国債（国庫短期証券）および1年以内に償還を迎える長期国債は、約72兆円と総資産の1割にも満たない。そのほかの短期資産を加えても、1年以内に満期の到来する資産は約180兆円と、総資産の2割強にとどまる。

これに対して、10年後の2034年4月から40年後の2064年3月までに償還を迎える長期国債が約97兆円もある。満期のない信託財産（ETFやJ－REITなど）も約38兆円（簿価）ある。資産構成が劇的に長期化した。

これは、日銀が異次元緩和を開始した際に自ら宣言して行ったものだ。長期の資産の買い入れを約束すれば、国民が将来にわたる金融緩和の約束（コミットメント）と受け止め、インフレ心理を高めるとの理屈立てだった。しかし、もくろみは外れ、日銀は11年間にわたり国債の大量買い入れを続けてきた。政府が発行を増やした超長期債も買い入れた。そうしなければ、長期金利をゼロ％程度に抑えることができなかったからだ。その結果、長

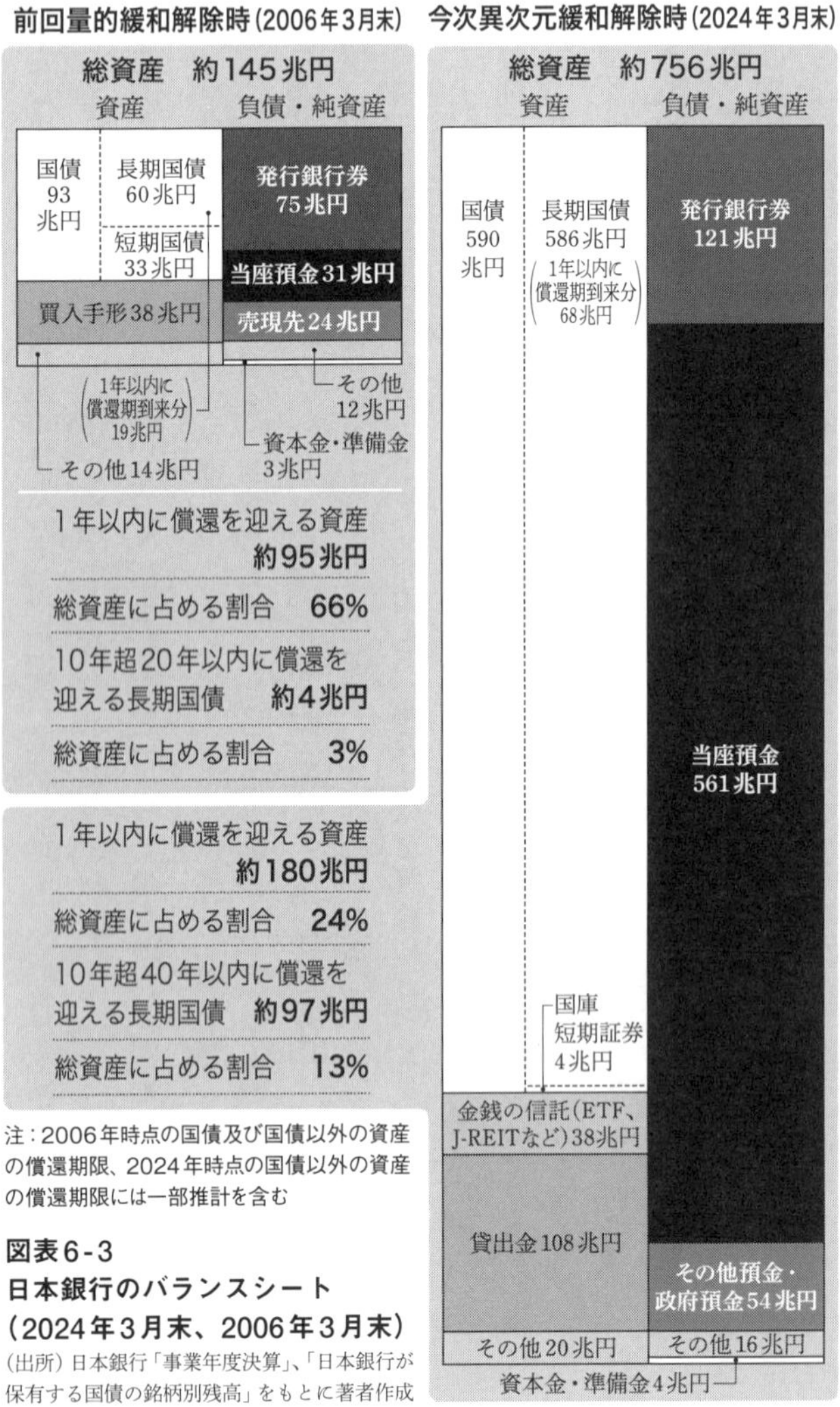

注：2006年時点の国債及び国債以外の資産の償還期限、2024年時点の国債以外の資産の償還期限には一部推計を含む

図表6-3
日本銀行のバランスシート
（2024年3月末、2006年3月末）

（出所）日本銀行「事業年度決算」、「日本銀行が保有する国債の銘柄別残高」をもとに著者作成

期に偏った資産構成ができあがった。

このような資産構成となった以上、出口の完了には時間がかかる。国債の中途売却やETFの市場への売り戻しは、市場を攪乱する可能性があり、現実にはなかなかとれない選択肢だろう。長期国債は満期まで持って残高を段階的に落としていくこととし、短期金利は、日銀当座預金に対する付利金利(「補完当座預金制度」に基づく金利付利)を変更することで、目標水準の実現を図っていくことになる。日銀は、24年3月の異次元緩和解除とともに、補完当座預金制度での付利をプラス0・1%とするとともに、短期金利の誘導目標を0〜0・1%に引き上げた。さらに同年7月には、補完当座預金制度の付利をプラス0・25%に、また、短期金利の誘導目標をプラス0・25%程度に引き上げている。

「永遠の金融緩和」の罠

では、日銀は今後どのような金融政策の方針で臨むことになるだろうか。日銀は、7月に0・25%への利上げを決定した際の公表文で、「政策金利の変更後も、実質金利は大幅なマイナスが続き、緩和的な金融環境は維持される」としつつ、「今回の『展望レポート』で示した経済・物価の見通しが実現していくとすれば、それに応じて、引き続き政策金利を引き上げ、金融緩和の度合いを調整していくことになると考えている」とした。

急激な金利変更がもたらす市場の過度の反動は避けつつ、経済・物価情勢が改善を続ければ、金融正常化への歩みを着実に進めたいとの意思表明だろう。

もっとも、日銀の見通しどおりに経済が進むとは限らない。異次元緩和が長く続けられ、かつ、オーバーシュート型運営として異次元緩和解除のタイミングを遅らせてきたために、リスクが表面化した際の影響は甚大になる可能性がある。

一つのリスクは、現時点では可能性は低いが、物価の上昇圧力が高まり、インフレを十分に抑えられなくなるリスクである。今回の世界的な物価高騰の局面では、米国は金融政策の転換が遅れた。その結果、物価と賃金の悪循環が生まれ、その後の急激な利上げを余儀なくされた。日本も、長きにわたる異次元緩和のもとで多額の資金供給と超低金利が続いてきただけに、このリスクも完全には否定できない。

もう一つのリスクは、金融の正常化を進めようとしても、短期金利の引き上げ頻度が限られてしまう可能性だ。物価2％が定着すれば、将来的には、長期金利は3％近くになるのが自然であるし、これに見合う短期金利は2％程度まで上がっておかしくない。

しかし、2024年夏の時点では、海外物価の上昇率はすでにピークを越えたとみられ、欧州ECBに続き米国FRBも近々利下げに転じると見込まれている。米国景気はソフトランディングがメインシナリオとなっているが、下方向のリスクもある。そうなれば、日本の景気への警戒感も高まるかもしれない。内外金利差の縮小で、為替相場が大幅な円高に向かうようなことがあれば、日銀が利上げを続けていくのは容易でないだろう。

こうした事態に陥るのは、異次元緩和が中途から採用したオーバーシュート型政策の結果でもある。オーバーシュート型の政策を採用したために、世界の経済・金融政策のサイクルと日銀の政策にズレが生じてしまった。この結果、短期金利の引き上げはせいぜい1%程度、場合によっては0・5%程度までしか行えないかもしれない。そうなれば、いわゆる「永遠の金融緩和」となりかねない。しかし、金融緩和は永遠に続けられるものではない。究極的には、実体経済の後退と物価の大幅上昇を招き、万一の場合には国への信認を低下させる危うい道である。

「まえがき」に記したように、2024年7月末の利上げ後、金融市場は円相場の急騰と株価の急落に見舞われた。日銀は、事態の収拾を図るため、追加利上げを慎重に考える姿勢を表明したが、これは「永遠の金融緩和」のリスクと背中合わせの関係にあるものだ。金融の正常化には、やはり途方もない困難が待ち受けている。

正常化の完了には最低10年かかる

次に、国債保有残高の圧縮にどれほどの時間がかかるかを、試算してみよう。中央銀行の市場介入を抑制し、市場機能を完全に回復する作業と言い換えることもできる。具体的には、約561兆円に上る日銀当座預金を「平時」の水準に戻すことである。

この場合の「平時」の水準とは、法律上の準備預金制度で定められた当座預金を含め、金融市場が日々の決済を円滑に回していくうえで必要とする当座預金の水準をいう。現状でいえば、30兆円もあれば十分だろう。そこまで当座預金残高を圧縮した時点で、真の正常化が完了する。

資産の圧縮がなぜ重要かを、市場機能の観点からも付け加えておこう。株式市場を例に考えてみるとわかりやすい。

株式市場の市場機能とは、株価の上下動を通じて企業の経営を牽制し、経営がうまくいかないときは株価の下落や株主による総会議案への関与を通じて経営の是正を促すことである。この場合、株価を決めるのは、新規の株式発行に対する需給だけではない。既発行の株式が売買予備軍として常に潜在していることが、市場機能発揮の基礎となる。

同様に、国債市場の市場機能を貫徹するには、既存の国債保有者がいつでも国債を売れることが重要だ。株式の場合は議決権の行使を通じて会社に対して意思表明をする道も残されているが、債券の場合は議決権の行使といった手段は存在しない。「途中売却をせず、満期を待って残高を落とす」ということ自体が、もともと百歩譲っての話である。中央銀行にとっては、国もあくまで一市場参加者である。市場機能の働かない保有形態は望ましくなく、これまでの買い入れが財政ファイナンスに酷似しているといわれる所以《ゆえん》である。

２０２４年３月末のバランスシートを起点に、約５６１兆円ある日銀当座預金残高を「平時」の約30兆円に戻すことを仮定して試算してみる。金融正常化の過程では、民間金融機関が日銀に保有する当座預金だけでなく、外国中央銀行が日銀に保有する預金（２０２４年３月末残高約38兆円）もかなり縮小すると考えられるので、これを含めてざっくりと試算すれば、バランスシートは全体として約５９０兆円の縮小が必要となる。

これに見合う資産サイドで、国債以外に減額可能なのは、ＣＰ・社債の計約８兆円と貸し出し約１０８兆円である。これをもとに試算すると、国債残高を約４７０兆円減らすことで、ようやく正常化が完成する。

図表６－４は、日銀保有の国債の各銘柄がいつ償還を迎えるかを確認し、累積金額で表示したものだ。圧縮したい総額を横軸に沿って辿れば、完了に何年かかるかが分かる。２０２４年３月末時点のバランスシートを前提とすれば、約４７０兆円の圧縮には10年程度かかる。それほど、これまでの長期国債買い入れは巨額、かつ長期資産に偏ったものだった。

悩ましいのは、この試算の前提が、正常化完了までの間、いっさい新規の国債買い入れ

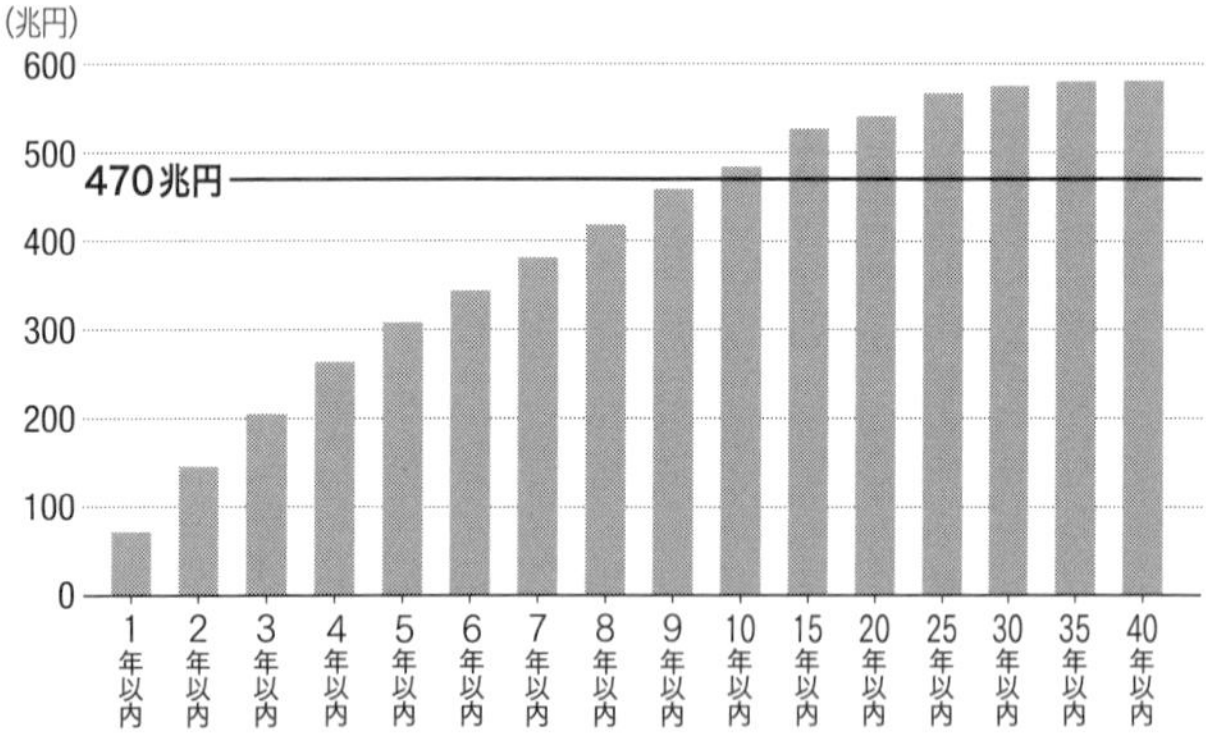

注：長期国債は額面ベース。簿価とは若干の差がある

図表6-4　日銀保有国債の償還期別金額（2024年3月末、累積金額）

（出所）日本銀行「日本銀行が保有する国債の銘柄別残高」をもとに著者作成

を止めたうえでの話であることだ。長期金利が大きく上昇しても、新規国債の消化がうまくいかなくても、日銀が市場買い入れを行わない前提は、現実問題としては難しい。日銀には金融市場の安定を守る責任もある。だからといって、例外的な買い入れを多用するのは、市場機能の回復と矛盾する。これこそが、異次元緩和が残した負の遺産である。

日銀にとって、市場からの国債買い入れをすべて停止して、残高を圧縮するのは、きわめて厳しい。その理由を詳しく考えてみよう。

第1に、短期金利の引き上げや日銀資産の圧縮は、ただちに長期金利や為替相場、貸出市場などに波及し、あらゆる経済主体の経済活動に影響を与える。異次元緩和があまりにも長く続けられたため、多くの家計や企業の活動の中には、資金の借り入れ易さや超低水準の金利ががっちりと組み込まれてしまった。

　異次元緩和が長期化する過程で、変動金利の住宅ローン借り入れが急増した。ホテルや旅館業界はこのところの円安を眺めて、金融機関から低利の融資を受けて、設備投資を拡大させてきた。金利上昇が進めば、資金繰りに苦しむ企業を中心に、倒産が増えるだろう。住宅ローンの借り手も、返済計画を見直さざるをえないかもしれない。

　これらのプロセスは市場機能を回復させる過程では避けがたいものだが、急激な政策変更は社会を混乱させるおそれもあり、日銀自身も慎重に事を運ばざるをえない。金利の引き上げが緩やかにならざるを得ない理由である。

　第2に、日銀が先行き10年間、新たな国債買い入れを停める場合、誰が国債市場に追加の資金を供与するかという問題がある。頭の体操をしてみよう。

　日銀保有国債の満期到来時には、市場で新たに借換《かりかえ》債※5が発行される。こうした借換債の消化だけであれば、市場で吸収可能だろう。日銀のバランスシートでいえば、資産サイドの保有国債の減少見合いに、負債サイドの日銀当座預金が減少する。これを民間金融機関の側からみれば、これまでやむをえず日銀当座預金に預けていた資金を引き出して、市中で他の資産に運用することを意味する。その総額はもともと日銀が保有していた国債の満期到来分に見合うものであるため、民間金融機関にちょうど借換債を購入するだけの資金

※5　借換債とは、過去に発行した国債の償還資金を賄うために発行される国債をいう。日本では、国債は全体として60年で償還するルールが設けられており、10年ごとに当初発行額の6分の1が償還され、残額につき計5回、借換債が発行される。

余力が生まれることになるわけだ。

問題は、政府が新たに発行する新規国債の消化だ。従来は経済成長に伴って銀行預金が増え、その一部が新規の国債購入に充てられてきた。しかし、日銀が日銀当座預金を圧縮する過程では、銀行預金は増えにくい。もともと銀行預金が過半を占める「マネーストック」と、日銀当座預金と発行銀行券の合計である「マネタリーベース」の間には一定の関係があった。異次元緩和の過程では、定量的な関係は劇的に薄れたが、定性的な関係までが壊れたわけではないだろう。日銀当座預金が減れば、銀行預金もわずかながらも縮小する可能性が高い。

実際、2006年の量的緩和の解除時には、銀行預金が減少した。その際、新規の国債の購入を増やしたのは海外投資家だった。今回も同様の展開が予想されるが、いかんせん当時とは規模が違う。

第3に、政治圧力の高まりが金融の正常化に立ちはだかりかねない。金融政策の変更に伴い国債費が増大すると、中央銀行には、政府の資金繰りへの支援を求める圧力がかかりやすい。世界の中央銀行が抱える悩みだ。これを避けるための人類共通の知恵が「中央銀行による財政ファイナンスの禁止」だった。日本でも、財政法第5条が国債の日銀引き受けを禁じてきた。以前の日銀も、長期国債を野放図に買い入れることにならないよう、

「銀行券ルール」という制約を自らに課していた。

これらの規律をみずから緩めたのが、日銀の異次元緩和だった。どんなに「金融政策の目的で行うものであって、財政ファイナンスではない」と強調しても、国債の大量買い入れが財政規律の箍《たが》を緩めたことは間違いない。これからの日銀の役職員は、政治から何かにつけ「日銀が国債を買うべきだ、異次元緩和でやったことをやれないはずはない」と、迫られることになるだろう。

2024年7月、日銀は先行き2年弱にわたる長期国債買い入れの減額計画を公表した。この計画に従えば、26年1～3月の買い入れ額は月3兆円程度となり、日銀の国債保有残高も、償還額との差し引きで、やはり月3兆円程度のペースで縮小する計算となる。仮に、この残高圧縮ペースが2年後以降も維持されるとすれば、正常化の完了、すなわち国債保有残高が約470兆円圧縮されるのは、早くて14年後の2038年頃となる。

途方もない長期のプロセスであると同時に、時間が経つにつれて国債市場では買い手不足が強まるおそれがある。そうした中で、長期金利が上振れする場面が来れば、「金融機関の資金繰りの安定には多額の日銀当座預金が必要」といった新たな理屈のもとに、外部から「日銀はこれに見合う高水準の長期国債保有が必要」との声が高まることになるだろう。しかし、この議論は慎重な吟味が必要だ。

金融システムの安定が保たれている限り、円滑な金融調節の観点からも金融機関の健全性確保の観点からも、日銀当座預金は法定準備預金を若干上回る程度の残高があれば十分だ。日銀による長期国債の保有も、当座預金見合いに多額を有する必要はなく、発行銀行券に見合う程度の残高があれば十分である。

「日銀による高水準の長期国債保有が必要」との主張は、結局、異次元緩和下の長期国債の買い入れが財政ファイナンスであったことの追認にほかならない。いったんこれを追認してしまえば、将来、類似の理屈をつけて、日銀に巨額の国債買い入れを求める声がますます高まるだろう。後世の国民と中央銀行職員に負の遺産を引き継ぐことのないよう、矜《きょう》持《じ》を明確にすべきときが来ている。

第7章

なぜ立ち止まれなかったのか？

異次元緩和の「罰」　その2

夢から醒めてはならないピーターパン

異次元緩和は、「国民のインフレ期待（心理）を変える」ことに主眼を置いた政策だった。一貫して威勢のよい発言が続けられたのも、日銀が自信を示すことで、国民の心理をひきつける狙いがあったからなのだろう。

2013年4月に導入を決めた金融政策決定会合後の記者会見で、黒田総裁は「次元の違う金融緩和」と呼び、「戦力の逐次投入をせずに、現時点で必要な政策をすべて講じた」と胸を張った。岩田規久男副総裁は、就任前の国会質疑で、「日銀は、消費者物価の上昇率2％を必ず達成する、その達成責任を全面的に負う」と述べたうえで、2年で達成できないとすれば、「最高の責任の取り方は辞職するということ」と言い切った。さらに、同年3月21日の就任記者会見で同副総裁は「（目標を）達成できなかったとき、『自分たちのせいではない。他の要因によるものだ』と、あまり言い訳をしないことだ」とも語った。

しかし、物価上昇率は2年どころか、開始から9年の間2％を下回り続けた。「戦力の逐次投入はせず」との言葉とは裏腹に、追加の施策が次々と投入された。岩田副総裁も途中で辞任することなく、5年の任期を全うした。

これらのエピソードからは、当時の日銀執行部の自信や高揚感が感じられるとともに、国民に「物価目標は必ず達成されるもの」と信じ込ませようとの気迫が伝わってくる。

そうした日銀の姿勢を端的に表したのが、2015年6月に開催した国際コンファランスでの黒田総裁の開会挨拶だった。総裁は、コンファランスの論点として、非伝統的政策のあり方などをあげたのち、挨拶の結語として、ピーターパンの物語の中から「飛べるかどうかを疑った瞬間に永遠に飛べなくなってしまう」という言葉を引用した。そのうえで、「大切なのは、前向きな姿勢と確信です」と強調した。

「前向きな姿勢と確信」は耳に心地よい言葉だが、考えてみれば「信じる者は救われる」という類の話でもあった。人々の心理形成をあまりに単純化していた。

ピーターパンの冒険の舞台は、ネバーランドという名の、実在しない架空の国の話である。夢から醒めて現実に戻れば墜落しかねない。それゆえに夢の中を飛び続けた11年だったように見えてならない。以下、当初の達成期限をいつまでも実現できなかったにもかかわらず、なぜ立ち止まることができなかったのかを考えてみたい。

理論先行の実験：「国民の期待（心理）を変える」政策

期待（心理）重視の政策は、経済学の世界からやってきた。1970年代以降、経済学の世界では、人々の経済的な意思決定のモデルに「期待（expectation）」の要素を組み込んで、マクロ経済的な意味合いを引き出そうとする動きが活発になっていた。

たしかに、経済事象の分析に当たっては、心理の果たす役割を無視することはできない。典型はバブル経済である。土地価格が上昇するのは「みなが土地の値段が上がると信じているからだ」とするのは、必ずしも間違いではない。地価が上がるとみなが信じれば、買いが買いを呼び、実際にも土地の値段は上がる。逆にみなが地価は下がると信じるようになれば、売りが売りを呼び、地価は下がる。バブルの発生と崩壊である。

こうした期待や予想の役割を重視して日本の金融政策に適用すべきとの議論を展開したのが、第2章で紹介したニューヨーク市立大学のクルーグマン教授だった。人々のインフレ期待（心理）を高め、予想物価上昇率（物価上昇率の見通し）を引き上げてやれば、経済を活性化させ、ゼロ金利制約を克服できるという主張だった。

日本国内も、リーマンショック以来の経済の停滞を眺め、「デフレ脱却のために何でもやるべき」「やって失うものは何もない」といった論調にあふれていた。

そうした主張や論調を踏まえ、「国民のインフレ期待（心理）を変える」ことを全面に押し出して行った政策が、異次元緩和だった。政策の要は、2％目標の達成を2年程度という期間を定めて明確に約束することであり、「物価は上がる」と人々に信じ込ませる仕掛けを用意することだった。その仕掛けが、市場から買い入れる国債の平均残存期間（償還までの期間）を2倍にし、資金供給量を2倍にするという施策だった。

異次元緩和を決定した当日の記者会見で黒田総裁は「金融政策はコミットメントが非常に大事であるし、そのコミットメントが市場関係者のみならず経済主体に分かりやすく伝わって期待を変えることが非常に重要だ」と語り、国民の期待（心理）を変えてみせるとの並々ならぬ意欲を明らかにした。

しかし、日銀が人々の心理形成メカニズムを熟知しているわけではなかった。どうすればインフレ期待を高められるかも十分には分かっていなかった。高められたとしても、永続するかどうかもよく分かっていなかった。「期待」を組み込んだ経済モデルをつくることはできても、将来予測に耐えられるほど成熟したモデルではなかった。資金量を増やせば物価が上がるという理屈は不確かなものだった。

自信満々で始めた日銀にしてみれば、国民の反応は期待外れだっただろう。だが、そもそも多くの国民は、日銀がどのような目標を掲げているか自体を知らなかったし、現在もそうだ。物価が上がると人々が信じるかどうか以前の問題である。

端的に示すのが、日銀が3ヵ月ごとに行っている「生活意識に関するアンケート調査」の結果である。異次元緩和の導入を機に、日銀は、2013年9月のアンケート項目に「日本銀行が、消費者物価の前年比上昇率2％の『物価安定の目標』を掲げていることを

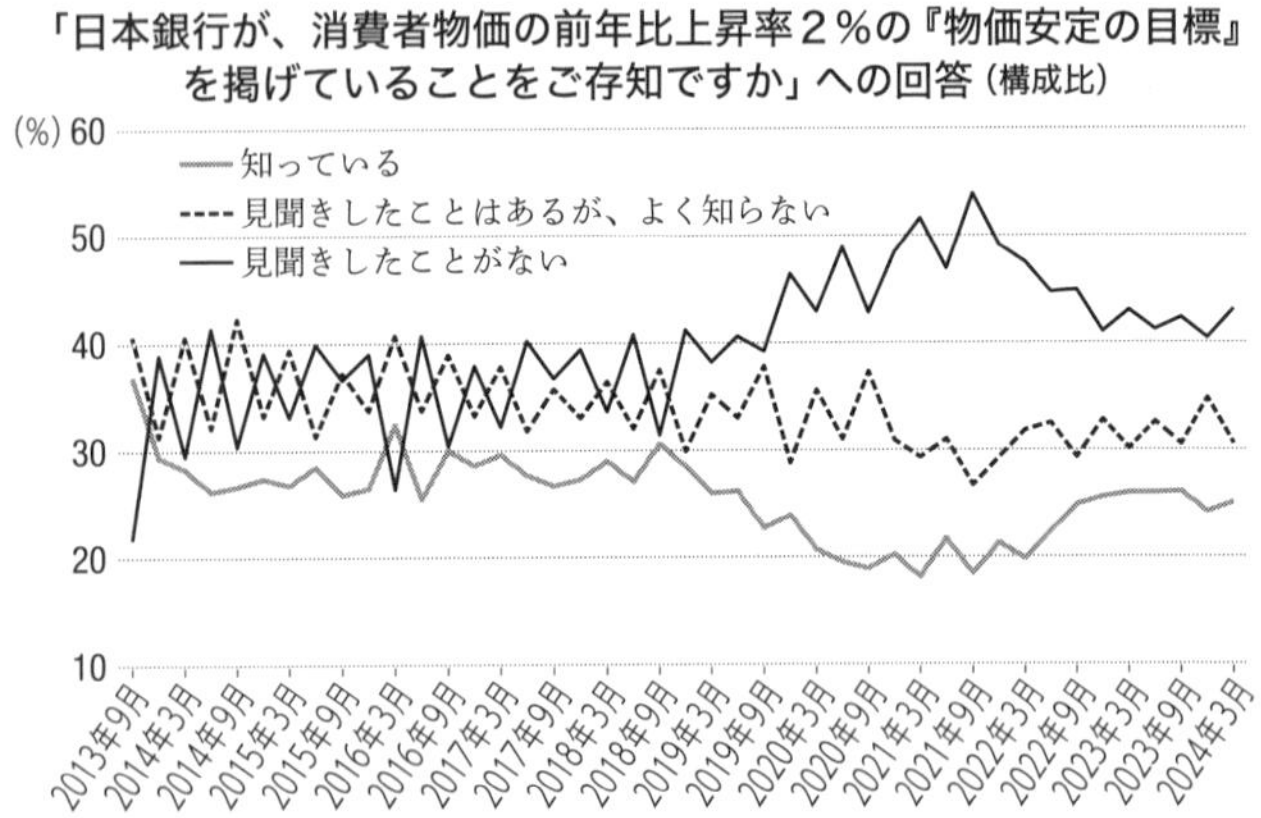

図表7-1　「生活意識に関するアンケート調査」にみる物価目標の認知度　（出所）日本銀行「生活意識に関するアンケート調査」をもとに著者作成

ご存知ですか」との質問を加えた。

回答欄には「知っている」「見聞きしたことはあるが、よく知らない」「見聞きしたことがない」の3つの選択肢が用意されている。2024年3月までの10年半にわたる回答結果の平均は、「知っている」が26％、「見聞きしたことはあるが、よく知らない」が34％、「見聞きしたことがない」が40％だった（**図表7－1**）。

国民の4割が物価目標政策を「見聞きしたことがない」と回答し、これに「見聞きしたことはあるが、よく知らない」とする回答を加えれば、4人に3人が物価目標政策をよく知らなかったことになる。

しかも、異次元緩和を11年近く続けても、アンケート結果の回答は向上していない。

「知っている」との回答率のピークは、質問項目にこの問いを加えた初回（２０１３年９月）の37％であり、以後総じて低下傾向を示した。２０２４年３月時点も25％にとどまる。

日本人の教育レベルが低いといった話ではない。日銀が思うほどには、国民は日銀に関心を持っていないということである。もし実際に物価が上がっていたならば、多少なりとも認知度は高まっていたかもしれないが、そうもならなかった。

人々のインフレ期待（心理）を変える政策は、理論先行の実験にとどまった。

言葉で繕《つくろ》う政策変更

日銀自身も、物価目標２％の達成を約束し、資金を大量に供給すれば人々のインフレ心理が高まるとの理屈立てに無理があることは、早い段階で気づいていたはずだ。２０１６年には、資金量重視の方針を金利重視の方針に変えた。２０１８年には、物価目標の達成時期として掲げた「２年程度」の柱も撤回した。

日銀からの発信も、国民の期待を変えてみせるとのトーンが薄れ、次第に「粘り強く金融緩和を続けることで、経済活動を支え、賃金が上昇しやすい環境を整えていく」との論調に変わった。政策の根本的な変化だった。金融政策の力で物価を上げてみせるという位置付けが、日本経済に必要な構造転換を支えるための政策という位置付けに変わった。

ならば、いったん立ち止まって、異次元緩和をこのまま続けてよいかを考えるべきだったが、そうはならなかった。なぜ、日銀は途中で立ち止まれなかったのだろうか。

最大の理由は、期待を直接変えようとする政策の宿命として、みずからの読み違いを真正面から認めることに強い躊躇があったからだろう。国民に日銀の言質を信じ込ませようとしてきた以上、自らの言質を揺るがすわけにいかなかったのかもしれない。それゆえに対外的な説明はあくまで強気で、追加緩和や政策変更の都度、言葉巧みに政策の一貫性を主張し、異次元緩和の適切さを強調した。

以下、大きな政策変更の都度、どのような説明が行われてきたかを振り返ってみよう。

〈第3の柱「資金量重視」から「金利重視」への方針変更〉

異次元緩和開始からもうすぐ3年を迎えようとする2016年1月、日銀はマイナス金利政策を導入し、資金量重視から金利重視へと一歩踏み出した。しかし、日銀はこの政策を「マイナス金利付き量的・質的金融緩和」と称し、「〈量〉〈質〉〈金利〉の3つの次元で緩和手段を駆使して金融緩和を進めていく」という説明を行った。量重視の施策の限界が語られることはなく、むしろ「3つの次元」という華々しい表現を伴う説明となった。

しかし、第2章で述べたように、この政策には無理があった。マイナス0・1%の短期金利とマネタリーベースの年間80兆円程度の増加ペースが整合的かという問題である。その影響は、長期金利の下がり過ぎというかたちですぐに表れた。

そこで、日銀は、マイナス金利導入からわずか8ヵ月後の2016年9月、「長短金利操作付き量的・質的金融緩和」と称する新しい枠組みを導入した。

大きなポイントは、それまで年間80兆円程度としてきたマネタリーベースの増加を事実上棚上げし、単に「拡大方針を継続する」に切り替えたことである。すなわち、増加額はプラス80兆円でなく、ゼロ以上であればよくなった。しかも、「マネタリーベースの残高は、イールド・カーブ・コントロールのもとで短期的には変動しうる」との注釈もつけられ、量から金利中心への方針変更が鮮明にされた。

それでも、総裁の定例記者会見では、「長短金利操作付き量的・質的金融緩和」は、従来の「量的・質的金融緩和」あるいは「マイナス金利付き量的・質的金融緩和」を「さらに強化したもの」とし、「マネタリーベースをターゲットにして行ってきたことは長期的な意味では非常に効果がある」とした。「前の政策を捨てたというわけではなくて、それをさらに強化してこういった形にしている」とも述べた。

しかし、実態は、当初掲げた第3の柱である「マネタリーベースを金融調節上の日標にすることと」の撤回だった。しかし、同日導入したイールド・カーブ・コントロールとオーバーシュート型コミットメントの導入というサプライズの陰で、その意味が丁寧に説明されることはなかった。

なお、2016年1月のマイナス金利の導入と9月のイールド・カーブ・コントロールの導入に際しては、複数の審議委員[※6]がこの政策に反対票を投じている。1月のマイナス金利政策の決定には4名が反対票を投じ、賛成5反対4の薄氷の決定となった。9月のイールド・カーブ・コントロールの導入時も、2名が反対票を投じている。1月から9月にかけての反対票の減少は、審議委員の交替を反映したものとみられる。

このように審議委員の中には、資金量増加の効果を疑問視する見方や、異次元緩和が市場機能に及ぼす悪影響を懸念する見方があった。言い換えれば、日銀執行部が、一部の反対を押し切って進めたマイナス金利政策とイールド・カーブ・コントロールだった。自信と修飾に満ちた対外説明は、審議委員を含む一部からの批判への反論だったようにも見える。しかし、政策変更を行った2016年以降も、物価目標はいつまでも達成されず、異次元緩和はその後7年半にわたって続けられた。

〈第2の柱「2年程度」の撤回〉

2018年4月、日銀は、物価目標達成の期限として掲げた「2年程度」の柱も撤回し

※6　日銀の政策委員会は、審議委員6名と、業務執行を統括する総裁、および総裁を補佐する2名の副総裁の計9名からなる。この9名は政策委員とも呼ばれる。

た。この経緯には、少し説明が必要だろう。

日銀は、2013年4月に異次元緩和を導入した際、金融政策決定会合の公表文の中で「2年程度の期間を念頭に置いて」と明記し、同日の記者会見ではパネルも持ち出して「2年程度で物価安定目標を達成できるものと思っている」と強調した。

その後は、3ヵ月に一度公表する「経済・物価情勢の展望（展望レポート）」の中で「2％程度に達する時期」を示し、毎回、おおむね2年程度先の時期を記述することで、「2年程度」の柱を維持していた。

しかし、当初のもくろみははずれ、目標はいつまでも達成されなかった。それゆえに、展望レポートの中で示される達成時期は、レポートの発表にあわせ、先へ先へとロールオーバー（先送り）された。例えば、2017年1月の展望レポートでは物価上昇率2％の達成時期を、「見通し期間の終盤（2018年度頃）」と書き、2018年1月の同レポートでは「2019年度頃になる可能性が高い」と書いた。

しかし、異次元緩和の導入から5年が経ち、「2年程度」の柱はすでに朽ちていた。そこで日銀は、2018年4月27日に公表した展望レポートをもって、「2％程度に達する時期」の明示をとりやめた。

同日の記者会見で達成時期の明示をとりやめた理由を問われた黒田総裁だったが、答えは、概要以下のとおり、むしろ市場の受け止め方に問題があるとのトーンで語られた。

①展望レポートにおける2％達成時期の見通しは、あくまで見通しであり、政策変更に結び付ける見方は誤りだ。

②物価の先行きには様々な不確実性があり、計数のみに過度に注目するのは、市場とのコミュニケーションの面からも必ずしも適当でない。

③物価の先行きの展望はあくまで見通しであることを明確にするため、今回から物価2％達成時期の明示をとりやめる。

質問者の意図は、5年前にパネルまで持ち出して華々しく掲げた「2年程度」の柱を撤回することの考えを尋ねたものだった。にもかかわらず、技術的な話としてあしらわれ、答えをはぐらかされた。「2年程度」の撤回は、金融政策で人々の期待（心理）を変えられなかったことを意味する。異次元緩和を支えてきた理屈の脆弱さを示す出来事だったが、その理由が率直に語られることはなかった。

〈2022年12月の長期金利変動幅の拡大〉

黒田総裁の任期が半年を切った2022年12月20日、日銀は突如イールド・カーブ・コントロールの変動幅見直しを行い、長期金利の上昇引き上げを事実上容認した。この方針変更も、日銀独特の説明に終始した。

日銀は、2016年9月のイールド・カーブ・コントロール（長短金利操作）の導入後、マイナス短期金利とゼロ%程度の長期金利を金融緩和の両輪と位置付けてきた。効果の多寡はともかく、長短金利の低水準維持を金融緩和の基本的な手段として位置付けていたことは疑いがない。内田眞一理事（当時、現副総裁）も、2022年5月の参議院財政金融委員会で、長期金利の変動幅を拡大することは「事実上（の）利上げ」と牽制していた。

それから半年が過ぎた2022年12月20日、日銀はその変動幅を変更し、従来の±0・25%から±0・5%に拡大した。金融市場の金利機能の低下に対応するものだったが、高めの長期金利の容認である以上、利上げの要素を含むことは間違いなかった。それでも、公式説明は「金融政策の持続性を高めるため」だった。

ここでも、決定当日の金融政策決定会合後の記者会見で、今回の変動幅の拡大は事実上の利上げではないのかとの質問が出た。これに対して黒田総裁は、「（今回の措置は）市場機能を改善することで、イールド・カーブ・コントロールを起点とする金融緩和の効果が、企業金融等を通じてより円滑に波及していくようにする趣旨で行うもの」であり、「利上げではありません」と述べた。

このように、政策の根幹の変更であっても、従来からの主張との整合性を独特の言葉遣いで繕うのが、日銀からの発信の特徴となった。何があっても政策の正しさを強調していく姿勢は、物価目標の実現を国民に信じてもらうための欠かせないピースだったのかもしれない。しかし、こうしたやりとりの末に、メディアも日銀の説明に対し不信感を抱くようになり、率直に語らない日銀のイメージが定着していった。これは、中央銀行にとって致命的だった。

中央銀行の言うことに説得力があり、目指す政策の意図と効果を国民に信じてもらえれば、金融政策の効果はより早く、より強力に発揮されるはずである。裏返していえば、中央銀行の言うことを国民が信じなくなれば、金融緩和政策の効果は低下することになる。「人々の期待（心理）を変える」政策には、強気の姿勢を示し続けなければならない罠にはまるリスクがある。途中で立ち止まれなかった最も大きな理由だったように見える。

「適合的期待」「ノルム」の強調に向かう危うさ

日銀は、当初「2年程度」での目標達成をもくろんだが、結局何年も異次元緩和を解除できないまま、物価2％の持続的、安定的な達成を実現できない理由の説明に追われることとなった。その際も日銀は専門用語を多用した。

はじめに強調したのは、2016年9月に行った「総括的な検証（以下、総括検証）」での「適合的な期待形成」である。適合的期待（adaptive expectation）とは、人々の将来の物価予想（期待）が過去の物価の実績をもとに形成されることをいう。

総括検証によれば、予想物価上昇率（人々が予想する物価の上がり方）は、①「中央銀行の目標である2％に向かっていくだろう」という予想の要素（フォワードルッキングな期待形成）と②「過去の物価状況が続くだろう」という予想の要素（適合的な期待形成）の2つで決まる。このうち、日本の場合はほかの国に比べて②の要素が強い、つまり過去の物価上昇率に引きずられやすいとの見解だった。

その見解自体は、誤りではないだろう。ただし、人々の予想が過去の実績に引きずられやすいことは、日銀内では、異次元緩和以前からよく知られたことだった。それを承知で2年程度での達成を目指したはずだった。

言い換えれば、適合的期待を打破するために、日銀は異次元緩和を始めたはずだった。にもかかわらず、「これだけ資金供給と超低金利を続けても、物価が上がらないのは、物価が上がらないという適合的期待が根強いからだ」と説明されても、堂々巡りの循環論法にしか見えなかった。

２０２２年頃からは、日銀は「適合的な期待形成」に代えるかたちで、「ノルム」という名の期待形成の議論を多用するようになった。「日本には、物価も賃金も上がらないノルム

（社会通念）があり、企業も従業員もみながノルムに縛られているので、物価は上がらない」という議論である。

どの国にも社会通念はあり、日本経済にそうした要素があるのは間違いない。だからといって、物価の動向をノルムで説明するのは、これまた堂々巡りの循環論に陥りやすかった。実際、「適合的な期待形成」も「ノルム」も、結果を知ったうえでの事後的な説明で使われることがほとんどだった。物価が上がらないうちはノルムが根強いからだと言い、物価が上がればノルムが壊れ始めたと言えば、済んでしまう話だった。将来再び物価上昇率が下がれば、「ノルムはやはり根強かった」で済まされてしまうだろう。

これを補完するため、経済モデルで人々の期待（予想）を計測する努力が続けられているが、モデルも実績の後追いの印象が拭えない。ノルムが壊れた、壊れていないを語るだけでは、政策の手がかりは得られない。

大事なのは、ノルムの背後にある社会経済的な要因を深掘りすることであるはずだ。この点は、内田副総裁が２０２４年２月の挨拶の中で次のように語っている。

「デフレ期のノルムというものは、『賃金や物価が上がらない』という現象に代表させて語られているけれども、その背後にある経済的・社会的・政治的な構造も含んだ複合的なものとして捉える必要があると考えています。すなわち、過当競争と慢性的な需要不足、労働需給の弱さと雇用への不安、さらには『それでも何とかやっていけるようにしていた』各種のセーフティ・ネットなどです。中でも、『賃金を上げなくても人を雇えたこと』が決定的だったのではないかと思っています」

（2024年2月8日　奈良県金融経済懇談会における内田副総裁挨拶）

日銀がノルムの背後にある要因を語った数少ない議論であり、一つの見解にみえる。著者自身は、賃金や物価が上がらない背景には、低生産性企業の温存から生じる値下げ競争の激しさと、労働市場の硬直性に理由があるとみているが、そうした経済的、社会的な要因を分析し、それらは変わるべきものなのか、変えるにしても金融政策で対処できるものなのかを検討するのが、現実の政策に資する議論というものだろう。11年の歳月を費やして、ようやく本質課題がはっきりしてきた印象にあるが、それ以上の議論の進展のないまま今に至っている。

議事要旨にみる財政規律を巡る議論

「強気」の姿勢を維持しなければ、異次元緩和の拠って立つ基盤が崩れてしまうことへの恐れは、副作用を軽視するバイアスにもつながったように見える。認知心理学でいう、確証バイアスに似ている。確証バイアスとは、自分の考えが正しいか否かを検証する際に、自分の考えを証明する証拠ばかりを探してしまい、都合の悪い反証情報に注目しない傾向をいう。

異次元緩和でいえば、「効果は副作用を上回る」が日銀の常套句だった。しかし、多くの中央銀行と同様に、日銀も財政ファイナンスへの懸念を有していれば、「効果は副作用を上回る」とあっさり言えるほど楽観的な状況にないことは分かっていたはずだ。

では、日銀内では、金融緩和の副作用についてどのような議論が行われていただろうか。日銀は、金融政策決定会合の約10日後に「金融政策決定会合における主な意見」（以下、主な意見）を公表する。また、毎回の会合の「金融政策決定会合議事要旨」（以下、議事要旨）が、約1ヵ月半後に行われる次の金融政策決定会合の承認を経て公表される。

これらの議論からは、執行部による強気の対外説明とは別に、異次元緩和という特異な政策の効果と副作用をめぐって、政策委員の呻吟する姿が読み取れる（議事要旨などを通読すると、9名の政策委員の間にはかなりの意見のばらつきがあった）。

例えば、「金融緩和の限界、副作用という考えを否定することが必要である」（2016年7月会合の「主な意見」）、「早期に『物価安定の目標』を達成することが、金融緩和の副作用を抑える最善の処方箋である」（2021年3月会合の「主な意見」）といったように、副作用の存在そのものを否定する、あるいは副作用に囚われすぎないようにしようとする委員がいた。

一方、「金融仲介機能や金融市場の機能度への副作用についても、その累積的な性質も踏まえ、改めて点検すべき」（2021年1月会合の「主な意見」）、「時間の経過とともに累積していく金融システムへの副作用もつぶさに評価していく必要がある」（2021年3月会合の「主な意見」）と述べ、副作用に強い警戒感を示す委員もいた。

そうした観点からみれば、金融政策決定会合が副作用をないがしろにしていたわけではなかったことが分かる。

第4章で触れたように、一つの注目材料は、財政政策のスタンスにかかわる議論だった。当時の議事要旨には、「財政と長期金利の関係について、一人の委員は、債券市場の安定確保の観点からは、財政規律がしっかりと維持されることが必要不可欠であると指摘した」（2013年5月会合の「議事要旨」）、「何人かの委員は、金利の安定を確保するためには財政運営に対する信認が維持されることも重要であり、政府が財政健全化に向けた取り組みを着実に進めていくことを期待しているとの認識を示した」（2013年7月会合の「議事要旨」）など、財政健全化に向けた政府の取り組みを期待する旨の発言がいくつもあった。

ところが、異次元緩和の開始から1年弱が過ぎた2014年初めごろからは、財政健全化への取り組みを期待する発言はほとんど聞かれなくなった。2014年当時といえば、消費増税を巡って政治的なサヤ当てが繰り返されていた時期であり、このような局面で、日銀が政治的な発言を行うのが難しかったことは理解できる。しかし、日銀は国債の大量買い入れを行っている当の本人だった。

皮肉にも、国債の買い入れが増え、国債の保有残高が膨大になるにつれて、金融政策決定会合で財政規律を求める声は減った。大量買い入れがもたらす副作用は、時を経るにつれてほとんど議論されなくなった。

審議委員は5年の任期の満了とともに入れ替わっていく。異次元緩和当初の審議委員が任期満了を迎え、安倍内閣によって任命された審議委員が増えたことも影響したのかもしれない。

どのように中央銀行の独立性を維持し、財政ファイナンス禁止の趣旨を取り戻していくかは、難しい課題である。植田日銀は重い宿題を課せられている。

第8章

異次元緩和の「罰」　その3

国と通貨の信認の行方

世界でも特異な日銀のバランスシート

市場経済は本来、新陳代謝を通じて、生産性の高い企業に人材や資本を集める機能を有している。この機能が十分に発揮されるよう、公的当局の市場への関与を極力減らし、硬直的な規制や慣行を改めることが重要だ。

もちろん、それだけで望ましい社会が実現するわけではないが、市場経済の基本を軽んじてはならない。資本主義と社会主義が対立の構図にあった時代には、資本主義の優位性を強調するために、市場経済の理念が常に意識されていた。しかし、ベルリンの壁の崩壊以降、西側先進国ではその意識が薄れ、各国の潜在成長率の低下もあって、むしろ財政支出の拡大が進んできた。

図表8－1は、第4章で紹介したものの再掲である。ドイツの例外を除けば、2000年前後から、多くの先進国で一般政府債務残高の対GDP比率が大幅に上昇した。経済が成熟段階に入り、人口の増加率も低下傾向にある先進各国にとって、本来潜在成長率の低下は避けがたいものだった。しかし、各国とも過去の高い成長率に囚われ、財政支出の拡大による景気の拡大を図った。

日本も同様だったが、日本ほど財政を拡大した国はほとんどなかった。日本の一般政府

	中国	英国	ギリシャ	イタリア	ドイツ	フランス	カナダ	米国	日本
2001年	25	35	107	109	58	58	81	53	145
2005年	26	41	107	107	68	67	71	65	175
2010年	34	76	147	119	82	85	84	95	206
2015年	41	88	179	135	72	96	92	105	228
2018年	57	86	191	134	62	98	91	107	232
2019年	60	86	186	134	60	97	90	108	236
2020年	70	106	213	155	69	115	118	132	258
2021年	72	105	201	147	69	113	113	125	254
2022年（実績見込み）	77	100	179	140	66	112	107	120	257
2001➡2022年	52	65	72	31	8	54	26	67	112

注：薄アミ部分は、2001年以降、対GDP比率が50％以上上昇した国　（％）

図表8-1　一般政府の債務残高・対GDP比率（図表4-1再掲）

（出所）IMF「世界経済見通し（2024年4月）」をもとに著者作成

債務残高の対ＧＤＰ比率は、いまや２５７％（２０２２年実績見込み）と、先進国の中で断トツの高さにある。そればかりか、拡大のスピードも群を抜く。社会保障費の増大だけでなく、第４章で述べたように、何らかのショックが起きる都度、財源議論を欠いたまま巨額の財政支出を行い、収束後も元の規模に戻らない事態を繰り返してきた。

　こうしたプロセスを経て拡大した財政支出が、効率的な資源配分からかけ離れていることは容易に想像がつく。低い生産性の企業が補助金や助成金で存続し続ければ、産業全体として競争の意欲が低下し、イノベーション（技術革新）も起きにくい。人材や資本などのダイナミックな資源の移動も起こりにくい。

そうした財政状況のもとで、日銀も凄まじい勢いでバランスシートを拡大させてきた。資産合計の対名目GDP比率は、2023年度末に127%に達した（図表8－2）。日本と同様に、新型コロナ対応として量的緩和を行った先進国中央銀行は多かったが、それでも同比率は米国（FRB）35%、欧州（ECB）48%、英国（BOE）50%、カナダ（Bank of Canada）14%にとどまる（図表8－3）。日銀の国債買い入れがいかに特異なものだったかが分かる。これが政府の財政赤字の拡大と無縁だったとは考えにくい。少なくとも、日銀による金利ゼロ近傍での国債の大量買い入れが財政の収支改善の議論を先送りしたことは間違いないだろう。

緩やかな保有国債の圧縮が抱えるリスク

24年3月の異次元緩和の解除後の議論をみると、これまで異次元緩和を批判してきた学者やエコノミストだけでなく、支持してきた学者やエコノミストの中にも、今後の日銀の課題は保有国債の圧縮とする者は多い。同時に、市場の混乱を引き起こさずに保有国債の圧縮を行うことが重要とも指摘する。もっともな議論だが、ここまで伸びきった日銀のバランスシートと、緩みきった財政規律を踏まえると、どれほど時間をかけてよいかは悩ま

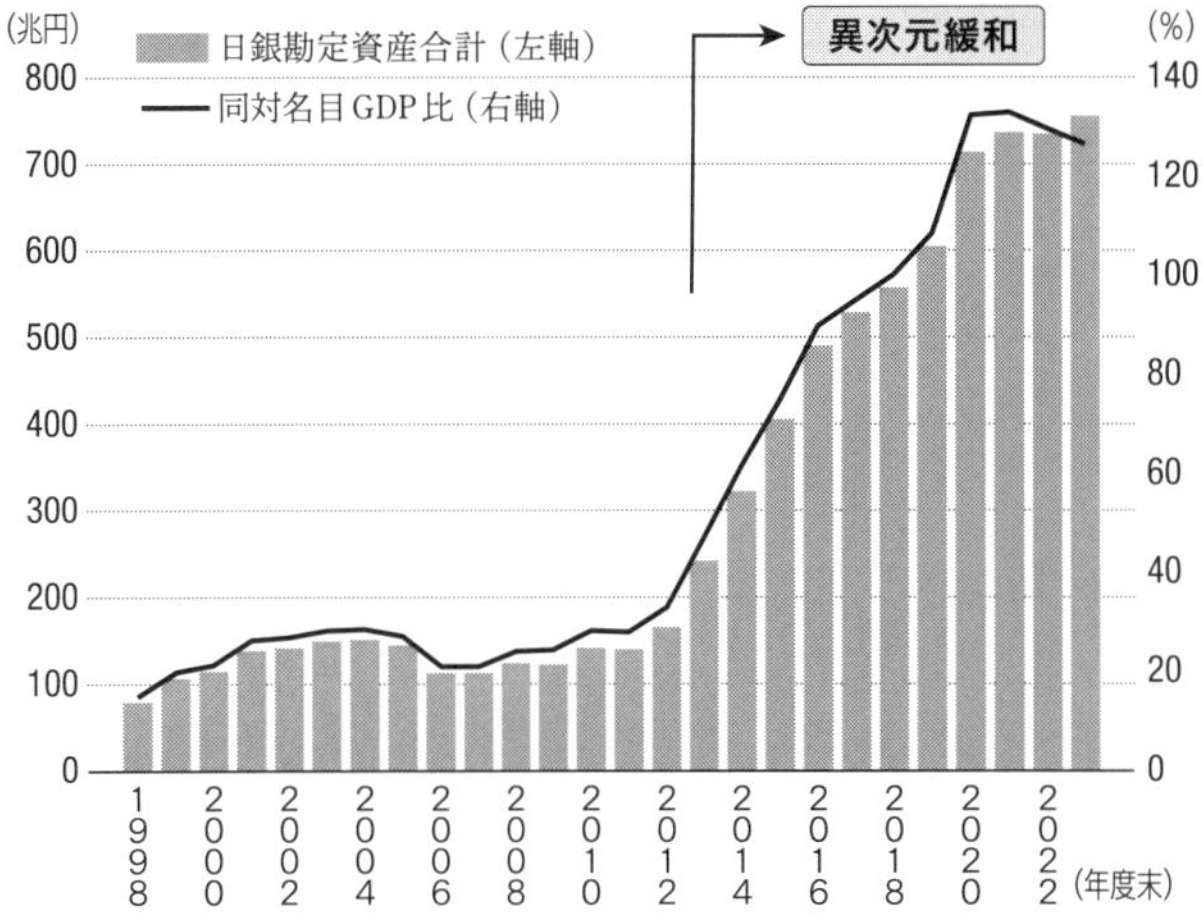

図表8-2　日銀バランスシートの対名目GDP比推移

(出所) 日本銀行「日本銀行勘定」、内閣府「国民経済計算」をもとに著者作成

	バランスシート規模 (A)	名目GDP (B)	A／B
日本	756.4兆円 (2024年3月末)	597.3兆円 (2023年度)	127%
米国	7.8兆ドル (2023年末)	22.3兆ドル (2023年)	35%
ユーロ圏	6.8兆ユーロ (2023年末)	15.5兆ドル (2023年)	48%
英国	1.1兆ポンド (2023年末)	2.3兆ポンド (2023年)	50%
カナダ	0.3兆カナダドル (2023年末)	2.3兆カナダドル (2023年)	14%

注：名目GDPにはIMFの実績見込みを含む。ユーロ圏の比率は、
ECBの総資産を米ドル換算して計算

図表8-3　G7中央銀行のバランスシート規模比較（対名目GDP比率）

(図表5-1再掲)

(出所) 各国中央銀行「年報」等、内閣府「国民経済計算」、IMF「世界経済見通し（2024年4月）」をもとに著者作成

しい。
保有国債の緩やかな圧縮を図る際の懸念は2つある。第1は、今後、景気の悪化や何らかの経済ショックが起きる度、再び政治から国債買い入れを迫られる懸念である。時間をかけて保有国債残高の圧縮を進めたとしても、いずれは景気の後退局面が来る。何らかの経済ショックが起きる。実際、近年は、10年に一度に満たない頻度で、大規模な社会経済ショックに見舞われた。ショックは、地政学リスクの表面化かもしれないし、自然災害かもしれない。

過去の実績にしたがえば、その際には、緊急時対応として巨額の財政支出が行われるだろう。そうなったときに、政治の世界から日銀に対して「異次元緩和時にやった国債の大量買い入れを再開してほしい」あるいは「なぜ再開できないのか」という声があがる可能性は高い。そのようなときに、日銀は超然としていられるだろうか。

もしその時点で国債の大量買い入れを再開すれば、結局、保有国債残高はほとんど減らず、むしろ今後も積み上がる可能性が出てくるだろう。中央銀行が懸念するのは、最終的には高インフレだが、当初からインフレが表面化するわけではない。景気の後退や社会経済的なショックが生じる際は、当初は景気の悪化から物価も低迷し、異次元緩和の再開が主張される環境になりやすい。しかし、その繰り返しの中で日銀の国債保有が増え続ければ、いずれどこかの時点で国や通貨に対する信認が失われ、高インフレが起きる。

通貨に対する信認は、心理的な要素によるところが大きく、ある閾値《いきち》（しきい値）を超えた時点で突如崩壊する性格のものである。信認が崩壊すれば、円相場は急落し、物価は高騰する。いったん崩れた信認はなかなか取り戻せず、インフレも容易には収まらない。

異次元緩和の最大の禍根は、財政赤字をほぼ丸呑みする国債の大量買い入れを続けたために、政治や社会からいつでも「日銀がまた国債を買えばいいし、できないはずがない」との誤解（または認識）を与えたことにある。安倍晋三元首相が主張した「輪転機をぐるぐる回して日本銀行に無制限にお札を刷ってもらう」に近い姿を、結果的に体現することになった。

「緩やかな保有国債の圧縮」→「景気の後退、社会経済ショックの発生」→「国債買い入れ増額の再開」→「保有国債の増加」→「緩やかな保有国債の圧縮」……、という負のサイクルから抜け出すには、財政ファイナンス酷似の買い入れがいかに日本経済にとって危ういものであるかを、政治や社会に理解してもらう必要がある。これが植田日銀にとって最大の課題となる。

財政ファイナンスと区別のつかない現行のバランスシート

時間をかけて保有国債を圧縮することに伴う第2の懸念は、市場が日本円の信認にいつなんどき疑問符を突きつけてこないとも限らない点である。ただちに、そのような事態が起きるとは考えにくいが、もしそのようなリスクがあるのであれば、やはり国債残高の圧縮を急がなければならない。

この問題を日銀と国のバランスシートをみながら、考えてみよう。

一部の識者は、今回の異次元緩和の終了を踏まえ、この際、現在の日銀バランスシートを政府に移管し、金融政策は新しい日銀が厳格なルールのもとで運営してはどうかとのアイデアを述べている。

もちろん実現可能性はなく思考実験にとどまるが、異次元緩和と植田日銀が唱える「普通の金融政策」を明確に区別するための思考実験ともいえる。もしバランスシートの切り離しが可能ならば、新しい日銀は、保有国債の圧縮に悩まされることなく、普通の金融政策を実行できることになる。現在日銀が保有する金銭の信託（ＥＴＦ）の含み益や分配金が多額に達しているため、バランスシートの移管を受ける政府の側も、当面支障が生じないことがミソである。

図表8－4は、２０２３年３月末時点の日銀と国のバランスシートだ。思考実験では、

日本銀行の資産・負債の状況（2023年3月末）

資産		負債および純資産	
国債	582	発行銀行券	122
貸出金	94	当座預金	549
金銭の信託（ETF）	37	その他預金（外国中央銀行等）	29
		政府預金	16
		負債の部合計	729
		純資産の部	6
資産の部合計	735	負債および純資産の部合計	735

（兆円）

国の貸借対照表（2023年3月末）

資産		負債および資産・負債差額	
有形固定資産	195	公債、政府短期証券	1232
有価証券	126	公的年金預り金	123
貸付金	125		
運用寄託金	115	負債合計	1443
出資金	98	資産・負債差額	▲702
資産合計	741	負債および資産・負債差額合計	741

（兆円）

図表8-4　日銀と国のバランスシート（2023年3月末）

（出所）財務省「令和4年度『国の財務書類』のポイント」、日本銀行「第138回事業年度（令和4年度）の決算等について」をもとに著者作成日銀に、「普通の金融政策を行うための最低限の資産、負債」を残したうえで、そのほかの資産、負債をすべて政府に移管する案を考えてみる。

具体的には、新日銀に残るバランスシート項目は、負債および純資産サイドにある「発行銀行券」と「準備預金制度の所要準備を若干上回る程度の当座預金」「政府および外国中央銀行等からの預金」「純資産」、資産サイドでは、新たな負債・純資産に見合う「国債」(これまでの保有国債の一部)となる。

これらを日銀に残したうえで、他をすべて移管するとすれば、政府に移る項目は、資産サイドから国債396兆円と金銭の信託(ETF)37兆円、貸出金等その他の資産116兆円の合計549兆円、負債サイドから当座預金536兆円、その他負債13兆円の合計549兆円となる。

図表8-5が、移管後の日銀と国のバランスシートだ。移管の直後には、日銀から受け入れた国債(396兆円)と、もともと国の負債として計上されていた公債(国債)の一部が両建てで計上されるかたちとなるため、図表では両者を相殺してある。

厄介なのは、この操作はここで終わらないことだ。国の負債サイドにある「当座預金」は、これまで金融機関が日銀に対して有していた債権が、政府に対する債権に切り替わったものだ。しかし、政府に移管が行われたあと、金融機関はただちに当座預金を取り崩す

日本銀行の資産・負債の状況（バランスシートの国への移管後）

資産		負債および純資産	
国債	186	発行銀行券	122
		当座預金〈所要準備相当分等〉	13
		その他預金（外国中央銀行等）	29
		政府預金	16
		負債の部合計	180
		純資産の部	6
資産の部合計	186	負債および純資産の部合計	186

（兆円）

国の貸借対照表（日銀からバランスシートの移管後）

資産		負債および資産・負債差額	
有形固定資産	195	公債、政府短期証券	836
有価証券	126	公的年金預り金	123
貸付金	125	当座預金	536
運用寄託金	115		
出資金	98		
貸出金	94	負債合計	1596
金銭の信託（ETF）	37	資産・負債差額	▲702
資産合計	894	負債および資産・負債差額合計	894

（兆円）

注：国の負債（公債）には、日銀から国に移転される国債396兆円を
相殺のうえ、残額を計上

図表8-5　日銀バランスシート移管後の日銀と国のバランスシート

（出所）著者作成

ことになるだろう。よほどの高金利を付けない限り残高が残ることはないし、よほどの高金利を付したとしても残高は残らない。その理由は後述する。

こうなると、国は当座預金の引き出し要請に応じるため、国債を発行して資金を手当てするしかない。しかし、500兆円を超える規模の国債を市中で消化するのは困難だ。結局、日銀が再び国債を買い入れるしかないだろう。

図表8-6が、日銀による国債再購入後の日銀と国のバランスシートである（226ページの注）。この試算結果をみると、そもそもバランスシートの移管案自体が成り立たないことが分かる。日銀の国債保有残高は現状よりも増えてしまい、バランスシートを政府に切り離す狙いはいっさい成就していないからだ。

すべては、巨額の国債の市中消化が困難であることに起因している。日銀は、2024年7月以降、長期国債の買い入れ額を減らし、段階的な残高圧縮を開始したが、それでも長期国債の償還到来額をすべて残高圧縮に充てるのではなく、一定の買い入れ額を継続している。市場金利の過度の跳ね上がりを懸念してのものだが、そのこと自体が市中消化の難しさを象徴している。

「日銀による国債再購入後のバランスシート」は、国債を市中で消化できないために日銀が再購入したものであり、経済機能的には中央銀行による財政ファイナンスそのものであ

日本銀行の資産・負債の状況（日銀の国債再購入後）

資産		負債および純資産	
国債	691	発行銀行券	122
金銭の信託（ETF）	37	当座預金	549
		その他預金（外国中央銀行等）	29
		政府預金	16
		負債の部合計	722
		純資産の部	6
資産の部合計	728	負債および純資産の部合計	728

（兆円）

国の貸借対照表（日銀の国債再購入後）

資産		負債および資産・負債差額	
有形固定資産	195	公債、政府短期証券	1341
有価証券	126	公的年金預り金	123
貸付金	125		
運用寄託金	115		
出資金	98	負債合計	1559
貸出金	94	資産・負債差額	▲702
資産合計	857	負債および資産・負債差額合計	857

（兆円）

図表8-6　日銀による国債再購入後の日銀と国のバランスシート

（出所）著者作成

る。しかも、このバランスシートは、前掲図表8－4の「2023年3月末時点の日銀のバランスシート」とほぼ同じである。すなわち、現在の日銀の資産・負債の構造は、財政ファイナンスに限りなく近いものである。

日銀は、大量の国債買い入れは物価目標の達成のために行ってきたとし、財政ファイナンスではないと主張してきた。意図がそうであったことは疑いないが、結果的に実現したバランスシートは「財政ファイナンス」と全く区別がつかない。

注：国債再購入後の日銀の保有国債残高が政府への移管前より増えているのは、日銀が抱えていた貸出金を政府側に移管したままとすると仮定し、これらを賄うため国債発行が増額されていることによる。この仮定に代えて、貸出金その他もすべて日銀に再移管するとすれば、当然ながら、日銀、政府のバランスシートは政府移管前の元の姿と同じになる。

国のバランスシートへの信認は続くのか

元へ戻って、この思考実験でなぜ金融機関は政府に当座預金を置き続けないと考えられるのだろうか。当座預金は、もともといつでも引き出して日々の決済に利用できるところにメリットがある。銀行業務に固有のものであり、中央銀行だからこそ提供できる性格のものだった。政府の債務にはなじみにくい。

しかし、理由はそれだけではない。前掲図表8－5の国のバランスシートを眺めると、民間の経済主体が国に対する巨額の債権保有に躊躇せざるをえない理由が分かる。

金融機関が政府に対して保有する当座預金（政府にとっては負債）に見合う国の資産および資産・負債差額の中で、最も金額が大きい項目は、資産・負債差額のマイナス702兆円だった。これは、資産を超える金額の国債が発行され、負債が資産を702兆円上回っていることを表している。

民間企業ならば、債務超過で倒産しかねないところだが、国のマイナスの資産・負債差額は理論的には国の徴税権によって担保されていると考えられている。いつでも徴税して差額を補塡できるので、国債の発行は続けられるという仮説のもとに成り立つバランスシートだ。当座預金に見合う「資産・負債差額」とは、徴税権を背景にした「将来の税収」という言い方が適当だろう。

しかし、民主主義社会にあって、私たちは増税が容易でないことを知っている。消費税率5％の引き上げは約10兆円の増税に相当すると言われてきたが、5％の税率引き上げは、現実には容易には実現しない。日本の消費税率10％は、1989年の消費税導入以来30年かけて、ようやくここまできたものだ。

徴税権があれば無限に国債を発行できる、というものでないことは明らかだ。その前に国に対する信認が崩れてしまう。いつどこで信認が崩れるかを特定するのは難しいが、日本ほど巨額の資産・負債差額を抱えた国は、そうしたリスクにさらされていることに留意しなければならない。

多少なりともそうしたリスクを意識すれば、金融機関が当座預金を政府から引き出しにかかるはずと考えるのは自然である。これだけ巨額の国債の市場消化が難しいのも、基本的には同じ理由からだ。政治は、事態を重く受け止めなければならない。

日銀のバランスシートへの信認は続くのか

リスクにさらされるのは、日銀も同様である。**図表8－7**（図表8－4再掲）の現状の日銀バランスシートでは、巨額の日銀当座預金が計上されている。この当座預金は、金融機関にとって日銀に対する債権、日銀にとって金融機関に対する負債である。この日銀の負債に見合う資産は、バランスシートから分かるように国債である。これをどう考えるべきか。

先に述べたように、ある金融機関が日銀当座預金を手放すとしても、取引の相手方となる金融機関の日銀当座預金がその分増えることになるため、当座預金の総額は変わらない。唯一変わるとすれば、金融機関が当座預金を取り崩して現金（発行銀行券）を持ち帰る場合だけだが、この場合も、当座預金が、日銀の負債である「発行銀行券」に振り替わるだけなので、日銀の負債総額は変わらない。

日本銀行の資産・負債の状況（2023年3月末）

資産		負債および純資産	
国債	582	発行銀行券	122
貸出金	94	当座預金	549
金銭の信託（ETF）	37	その他預金（外国中央銀行等）	29
		政府預金	16
		負債の部合計	729
		純資産の部	6
資産の部合計	735	負債および純資産の部合計	735

（兆円）

図表8-7　日銀のバランスシート（2023年3月末）（図表8-4再掲）
（出所）日本銀行「第138回事業年度（令和4年度）の決算等について」をもとに著者作成

だからといって、金融機関が、日銀の信用力と無縁に当座預金を持ち続けるわけではない。もし日銀の信用力が低下すれば、そのツケは、まず日本円の保有を回避しようとする圧力となって現れる。すなわち、為替市場で円安圧力が増す。先に、通貨に対する信認が閾値を超えることの危うさを述べたが、その段階で円相場が急落すれば、輸入物価（円建て）が高騰し、インフレ圧力が一挙に高まる。日銀の負債総額が変わらないからといって、楽観はできない。日銀に対する信認の崩れは、当座預金の減少という姿ではなく、通貨価値の下落となって現れる。日銀は、資産の健全性維持に常に神経をとがらせておかなければならない。

図表8-8は、日銀が量的緩和に入る前

資産		負債・純資産	
買現先勘定	9	発行銀行券	76
国債	67	当座預金	14
［うち短期国債］	[20]	政府預金	4
［うち長期国債］	[47]	引当金勘定	3
貸出金	29	資本金・準備金	3
外国為替	5		
資産計	113	負債・純資産計	113

(兆円)

図表8-8　量的緩和前の日銀バランスシート（2008年3月末）

(出所) 日本銀行「日本銀行勘定」をもとに著者作成

の、2008年3月末の日銀のバランスシートである。ここでも負債（当座預金や発行銀行券）に見合う主たる資産は、日本国債である。その点では、今のバランスシートと似ているが、内実は、まったく異なる。発行銀行券に見合う長期国債保有を除けば、その他の負債に見合う資産は短期国債や貸出金など、ほとんどが短期の資産だった。

従来、日銀は、買い入れる資産に対して、きわめて厳格な健全性の原則を適用してきた。具体的には、①信用力の高い資産であること、②元本の保証があり、償還期限のある資産であること、③原則として短期の資産であること、④市場流動性の高い資産であること（いつでも市場に売却できる資産であること）、などである。これらの条件を満たせば、理屈上は信用力の高い短期の社債や手形、さらに外国証券も買い入れ対象にできる。これらの原則は、ほとんどの国の中央銀行が採用しているものと同じだ。

なぜ、中央銀行はこのような厳格な原則を維持しているのだろうか。これは次のような事情による。

中央銀行の信用力の基本的な源泉は、国の信用力である。中央銀行が発行する銀行券は法定通貨（legal tender）として、法律により強制通用力を与えられている。また、中央銀行が債務超過に陥る場合、政府から増資を受けられるとの暗黙の了解がある。現行の日銀法で明示されているものではないが、常識的には、万が一の事態にあって、政府が中央銀行を支えないとは考えにくいので、増資を受けられると考えるのは自然だろう。この結果、中央銀行は、国の信用力に依拠し、少なくとも国と同等の信用力を得ていると考えられる。

しかし、中央銀行の信用力を支えるものは、それだけではない。中央銀行は、みずから定めた資産の健全性の原則を維持することで、国の信用力にプラスして独自の信用力を上乗せしている。原則に従う資産を買い入れ対象としていれば、いざという時には、短期のうちに市中から資金を回収して、為替相場の急落や物価の高騰を回避することができる。これが、短期で流動性が高く、かつ信用力の高い資産だけを保有していることの意味合いである。

中央銀行は、資産の健全性の原則が脅かされることのないよう、いくつかの制度的な仕掛けを用意してきた。財政ファイナンスの禁止や中央銀行の独立性維持といった制度設計は、そのためのものであるし、日銀はさらに前述の銀行券ルールも設けていた。

しかし、異次元緩和はこれらの原則を根底からひっくりかえした。財政ファイナンス酷似の国債買い入れによって、巨額の国債残高を抱え込むことになった。しかも、意図的に長期の国債を買い入れたために、約590兆円の国債の平均残存期間は6〜7年に達している。中途売却は難しく、資産としての流動性も低下している。さらに、ETFのように元本保証のない資産も積極的に買い入れ、資産の一項目として計上している。「資産の健全性維持」の原則は大きく崩れた。異次元緩和の「異次元」たる所以《ゆえん》は、実は、資産の健全性の原則を崩した「異次元」性にあった。

米国FRBがイールド・カーブ・コントロールのアイデアを棄却したのも、まさしくこうした操作が財政ファイナンスにつながりかねず、中央銀行の独立性を脅かしかねないとの判断からだった。

幸い、日本国や日銀に対する信認はいまも厚く、いまのところ信頼が崩れる兆候は見当たらない。これまでの円相場の下落が信認低下を表すものではないかとの見方もないわけではないが、現時点では日米金利差を反映したものとみてよいだろう。

しかし、いつまでもこの状況に甘えているわけにはいかない。日本と日本円に対する信認は先人たちが脈々と築き上げてきたこの国の財産であり、これを次の世代に引き継ぐのが、私たちの世代の責務だろう。財政ファイナンスに酷似した買い入れで積み上げた国債残高をそのまま放置するわけにはいかない。

日銀は、24年7月に公表した先行き2年間の長期国債買い入れの減額計画にとどめるのでなく、正常化の完遂に向けた基本方針と長期ビジョンを早く示す必要がある。これらを明示せず、柔軟な姿勢を強調する限り、将来なし崩し的に国債の買い入れ再開に押し込まれるリスクが高まる。苦しい話だが、政治にも社会にも、日銀の考えを理解してもらう努力が必要だ。

第9章　中央銀行を取り戻せ

物価目標再考：どこまで目標数値にこだわるのか

本章では改めて物価目標のあり方と今後の金融政策について考えてみたい。

2024年3月に異次元緩和を終わらせた日銀だったが、未だ答えを明らかにしていない問いがある。いずれコア消費者物価の前年比上昇率が2・0%を再び割ったときに、どう対応するのかだ。国債やリスク性資産の大量買い入れや超低水準の長短金利操作を再開するのか、あるいは、別の道を探るのか、という問いである。

黒田日銀時代は「物価目標2%の持続的、安定的な達成」を目標に掲げ、その達成が認められないうちは異次元緩和を継続する方針を明確にしていた。「物価目標2%の持続的、安定的な達成」を掲げる以上、解除には、少なくとも実績が2%を超え、一定期間2%台にとどまる必要があるというのが市場の見立てだった。実際、コア消費者物価は2022年春以降、前年比2・0%を超えたが、日銀はなかなか動かなかった。黒田総裁が退任し、植田現総裁に引き継がれてもなお異次元緩和は継続され、24年3月になってようやく解除された。

では、植田日銀は、展望可能な期間中一貫して物価が2・0%を超え続けることを前提としているのだろうか。あるいは、2%目標のより柔軟な運営を目指していくことになるのか。異次元緩和解除の翌月に日銀が公表した経済見通し（「経済・物価情勢の展望〈24年4月〉」）では、コア消費者物価の前年度比は、24年度＋2・8％のあと25年度＋1・9％、26年度＋1・9％と、わずかながらも再び2・0％を割り込む見通しにあった。また、日銀が参考として公表する、いわゆるコアコア消費者物価（生鮮食品、エネルギーを除く消費者物価総合）の前年度比は、24年度＋1・9％、25年度＋1・9％、26年度＋2・1％の見通しにあった。

日銀は、大方、これらの見通しに沿って3月に異次元緩和を解除したことになるが、この見通しのもとでは、日銀がどれほど物価2・0％という数値に厳密にこだわるつもりかははっきりしない。市場は、今後日銀がどの程度の上下の許容幅をもって、物価目標2％を運営していくかを探っていくことになるだろう。

物価目標の設定は実践的な課題

「物価の安定」を、日銀は次のように説明している。

「物価の安定」とは、「家計や企業等の様々な経済主体が、財・サービス全般の物価水準の変動に煩わされることなく、消費や投資などの経済活動にかかる意思決定を行うことができる状況」である。

（日本銀行ホームページ「教えて！　にちぎん」より）

簡潔にいえば、「家計や企業が物価の動向を気にせずに消費や投資を行える状態」であり、世界の中央銀行の間で広く共有されている定義である。

問題は、この定義を現実の世界に当てはめようとするとき、どのような数値がこれにふさわしいかである。理念的にいえば、物価が上下しない状態、すなわちゼロ％が定義に最もふさわしいようにも見える。しかし、統計作成上の限界もある。１９８８年に物価目標を世界で初めて導入したニュージーランド準備銀行（中央銀行）は、当初、目標を０～２％に設定していた。上方向へのレンジが広いが、物価高に悩む当時のニュージーランド準備銀行にしてみれば、物価を２％以下に押し下げるだけでも大きな成果だっただろう。

その後、東西冷戦の終結や経済のグローバリゼーション（国際化）を背景に、世界的に物価の上昇率は低下し、安定期に入った。そうした中で台頭してきたのが、物価の下落は避けるべきとの議論だった。日本経済の停滞がもっぱら物価の下落に起因すると喧伝されたこともあった。経済学の世界が、金利ゼロ制約下における金融政策運営を格好のテーマにしたことも大きかった。こうした経緯を経て、いつしか、少しのインフレ状態こそが望ましいとの議論が強まり、物価目標２％がグローバルスタンダードとして定着した。

この目標数値に強く反対したのが、ボルカー元FRB議長だった。第3章で述べたように、同元議長は、ほんの少しのインフレが望ましいとして目標を2％に据える議論はいずれ目標値を3％、4％に引き上げよという議論を生み出し、経済にリスクをもたらすと警告した。

実際、新型コロナの感染拡大後、米国FRBは物価の下落をおびえて、従来の柔軟な目標運営に代えて、「平均物価目標」という名の厳格な運営方針を採用した。物価が2％を下回り続けたあとにあっては、物価の平均値が2％となるよう、FRBは物価の2％超えを目指すとしたものだったが、その直後から急激な物価上昇に見舞われた。こうした状況を受け、早速一部の識者からは物価目標を3％に引き上げるべしとの議論が出た（ただし、FRBは断固としてこの主張に応じなかった）。

物価目標政策は未熟であり、未だ試行錯誤の過程にある。2％がグローバルスタンダードとされるが、物価目標に絶対的な適正値があるわけではない。日本のバブル期に当たる1980年代後半（86〜89年）のコア消費者物価指数は、前年比0％台だった（89年は消費税導入に伴う物価上昇分を除くベース）。前年比2％を超えたのは、むしろバブル崩壊後の90〜92年の3年間で、それも年率2・6％の上昇だった。米国の物価（コアPCEデフレーター）も、1996年以降で前年比2％を超えたのは、2021年以降の今次物価上昇を除けば、

05〜07年の3年間しかなく、それも年率2・3％の伸びにとどまった。にもかかわらず、住宅バブルが発生し、リーマンショックを引き起こした。これらの事実を踏まえれば、物価2％を絶対視してよい理由はどこにも見当たらない。

目標数値は、本来、金融政策運営の指針として実践的に判断されるべきものである。「家計や企業が物価の動向を気にせずに消費や投資を行える状態」という定義に立ち返り、定義にふさわしい値が奈辺にあるかを、多くの経験から帰納していく姿勢が大切だろう。

その意味では、「目標」というよりは、以前の日銀や現在のFRBがそうであったように、「目途」や「長期的なゴール（goal）」といった表現のほうがふさわしいように思える。「目標」という用語を当てるのであれば、例えば「0〜2％」のように大きな許容幅を設け、その中で時々の経済動向に応じて中央銀行が実践的に判断していくのが適当である。

物価目標設定の論点（1）：小幅の物価下落 vs. デフレスパイラル

「目標」であれ「目途」であれ、許容幅を数値で示す際には、いくつかの論点を考慮しておかなければならない。

第1の論点は、小幅の物価下落をどの程度深刻に受け止めるべきかである。

もともと経済学が懸念していたのは、単なる物価の下落でなく、デフレスパイラルと呼ばれる物価と景気の（マイナス方向での）悪循環だった。名目金利がゼロ％まで低下したあとにあって、物価が下落を続ければ、実質金利※7は上昇しやすい。家計や企業の経済活動は実質金利に影響されるはずなので、実質金利が上昇すれば負担感が増す。その結果、金融機関からの借り入れが減り、消費や投資が減退する。景気は一段と悪化し、物価の下落が加速する。実質金利が一層上昇し、景気の悪化と物価の下落はさらに深まる。この物価と景気の負の連鎖をデフレスパイラルと呼び、こうした事態が続けば、いずれ恐慌に陥りかねない。中央銀行は、全力をあげてそうした連鎖を断ち切らなければならない。

ただし、現実の世界で、前年比マイナス０・５％以下というような小幅の物価下落がデフレスパイラルにつながったケースはなかったと言ってよいだろう。リーマンショック後の日本ではコア消費者物価が一時、前年同月比マイナス２％を超えるなど、たしかにデフレスパイラルの縁に立ったかに見えたが、内外の中央銀行と政府による政策の総動員でデフレスパイラルは回避された。予想物価上昇率は、物価の実績ほどには下がらなかったということである。

米国の１９３０年代の大恐慌は、日本における小幅の物価下落とは様相が全く異なる。なによりもマイナス幅の大きさが違う。１９３０年以降の米国のコアＰＣＥデフレーターの前年比は、１９３０年マイナス３・７％、31年マイナス８・３％、32年マイナス11・0

※7　実質金利は名目金利から予想物価上昇率を差し引いたもの。ただし、実際の物価が下落したからといって、将来を見通す予想物価上昇率が必ず下落するとは限らない。

%、33年マイナス4・8%と、大幅なマイナスが続いた。4年間の累計下落幅は25%を超えた。これが大恐慌時の経済であり、景気と物価の循環だけをみれば、デフレスパイラルと呼ぶにふさわしい事態だった。

こうした悪循環の触媒として働いたのは、米国内の金融機関の破綻である。危機発生前の時点で2万4000前後あった商業銀行のうち、1933年時点では約4000の銀行が業務停止に追い込まれた。信用不安は金融機関から金融機関へと飛び火し、1933年の銀行の全国一斉休業を経て、ようやく事態が収束した。

リーマンショックや東日本大震災のようなショックが起きる度、日銀や金融庁が決済システムと金融システムの安定性、健全性の確保に万全を尽くすのは、これらが健全な経済の発展に不可欠の要素だからである。

もちろん、物価の下落は小幅であっても、下落しない場合に比べればデフレスパイラルに近づいているとはいえるかもしれない。物価ゼロ%よりも物価2%の経済のほうが、いざというときの利下げ余地があり、金融政策を運営しやすいというのも事実だろう。だからといって、小幅の物価の下落を過度におびえ、高い物価上昇率を目標に据え、金融政策に過度の負担をかけるのは適当でない。長い目でみて、金融システムの安定を損ない、経済の健全な発展をむしろ阻害しかねない。どうバランスをとるかが、常に問われる。

物価目標設定の論点（2）：物価と賃金は好循環なのか悪循環なのか

第2の論点は、物価と賃金の関係だ。日銀は、異次元緩和の後半から、「物価と賃金の好循環」を重視する姿勢を示し、2024年3月には「物価と賃金の好循環を見通せる状況に至った」との見解にもとづき、異次元緩和の解除を行った。

だが、物価と賃金の両方がプラスだからといって、「好循環」とは限らない。繰り返し述べてきたように、物価と賃金の関係は好循環の場合もあるし、悪循環の場合もある。過去、世界の中央銀行が繰り返し苦しんできたのは、物価と賃金の「悪循環」のほうだった。

物価と賃金の悪循環とは、生産性の向上を欠いたまま、賃金コストの製品価格への転嫁が進み、賃金コストの伸び以上に価格への転嫁が続く状態をいう。この場合、賃上げは物価上昇の後追いとなり、名目賃金の伸びから物価の伸びを差し引いた実質賃金は低下が続く。

このような悪循環は、物価の上昇に寛容な社会で起きる。物価の上昇を容認しがちな社会では、企業は生産性の伸びの低迷を取り戻そうと、賃金コストを上回る製品価格の引き上げを図る。結果的に、賃金も物価も上がるが、実質賃金は低下してしまう。

すなわち、高い賃上げ、高い物価上昇率、低い生産性の伸びという3つの要素は整合しない。こうした状態は長続きしないのが普通だが、物価上昇に寛容な社会では、悪性インフレとなって、長期にわたり国民生活を蝕むことになる。

物価と賃金の好循環のカギは、やはり企業の生産性の向上にある。生産性が向上すれば、収益増加の一部を賃金の引き上げや増配などに充て、残りを設備投資などに回すことができる。製品価格も賃金ほどには上がらずに済むため、実質賃金も増加する理屈である。物価目標の設定は、生産性の実績とのバランスの中で考えられなければならない。

物価目標設定の論点（3）：悪性インフレを軽んじてはならない

第3の論点は、物価目標の上限をどのあたりに据えるかである。異次元緩和の期間中、量的緩和の行き着く先としてハイパーインフレ（超インフレ）になるかどうかがしばしば論争の的とされてきた。「市中にじゃぶじゃぶ資金を出し続ければ、いずれはハイパーインフレになる」との異次元緩和に対する批判に対し、「これだけ巨額の資金を出してもハイパーインフレになるどころか、インフレにもなっていない以上、もっと資金を出しても問題ない」といった反論があった。

しかし、経済学の世界では、ハイパーインフレは、毎月50％を超える物価上昇率と定義することが多い。毎月50％のインフレとは、年率で1万2875％の物価上昇率に相当する。これを基準にインフレが是か非かを議論すること自体、ほとんど意味がない。通常のインフレでも、国民は十分に苦しむ。賃金が上がっても、常に物価上昇を後追いするのであれば、家計は苦しくなり続ける。

実際、インフレは人々を長く苦しめてきた。米国は、物価と賃金の悪循環を背景に、1960年代半ばから2・0％を超えるインフレが定着し、1990年代半ばまで継続した。1970年代半ばには一時10％を超えるインフレに至った。当時の米国社会は、物価の上昇に寛容で、賃金コストの物価への転嫁が進みやすかった。おかげで、生産性向上へのインセンティブ（動機）は低下し、国際競争力の低下が盛んに論じられた。

1970年代半ばの日本でも、コア消費者物価の上昇率が一時前年比20％を超えるなど、物価と賃金の悪循環が強まった。石油危機の発生をきっかけに、スーパーマーケットの店頭からトイレットペーパーが消えた事件は有名だが、物価と賃金の悪循環を如実に示す例としては、1973年に起きた国鉄の労働組合（国労〈国鉄労働組合〉、動労〈国鉄動力車労働組合〉）の〝順法闘争〟と、これに触発された乗客の暴動がある。当時の国鉄の労働組合は、賃上げや労働環境の改善を求め、運転安全規範などの諸原則を厳格に遵守するとの名目で列車の徐行運転を敢行していた。いわゆる〝順法闘争〟である。

同年3月13日、高崎線の運行に従事する動労が順法闘争を行い、列車の遅延が発生。列車に乗り切れない乗客が駅に多数あふれ、ついには上尾駅で乗客による暴動が起きた。運転士を追いかけまわして負傷させたり、駅舎や列車を破壊したりした。それでも国鉄の労使は歩み寄らず、国労、動労は4月にも順法闘争を展開。国鉄のダイヤは混乱を続け、4月24日夜、多くの乗客が首都圏の各駅で足止めされる事態となった。一部の駅で乗客による暴動が起き、列車が放火された。このニュースが報じられると、不安心理が他の駅の乗客にも伝播し、多くの駅舎が乗客によって破壊されたり、放火されたりした。

国労、動労の闘争は、春闘の一環だった。1972年当時のコア消費者物価の上昇率は5・3％、73年は11・4％、74年は22・5％だった。ごく普通の通勤客が暴徒と化した。インフレは人心を荒廃させる。

中央銀行は、デフレスパイラルにも、物価と賃金の（プラス方向での）悪循環にも立ち向かわなければならない。日銀は、物価の安定の定義に立ち返り、「家計や企業が物価の動向を気にせずに消費や投資を行える状態」が奈辺にあるかを改めて問い直す必要がある。

「金利ある世界」の金融政策（1）：隘路が日銀を待ち受ける

異次元緩和後の「金利ある世界」の金融政策とは、どのようなものになるかを考えてみよう。

植田日銀総裁は、異次元緩和解除後、緩和的な環境の維持が大事であることに留意しつつ、「普通の金融政策を行っていく」(2024年3月19日総裁定例記者会見)と発言した。しかし、普通の金融政策に戻るのは容易ではない。異次元緩和下で蓄積された巨額の資金(マネー)が市中に滞留したままだからだ。市中に滞留する巨額の資金を平時に戻すには、現実には異次元緩和の11年をさらに超える年月を要するだろう。それまでの間は、常に緩和方向へのバイアスがかかり続ける。それだけ異次元緩和は異形の政策だった。このことを念頭に、日銀は、金融政策を進めていかなければならない。

第1は、保有国債の圧縮を確実に進めることが重要だ。異次元緩和の名のもとに行った財政ファイナンス酷似の国債買い入れに、一定のけじめをつけなければならない。その扱いをあいまいにしたままでは、将来、政治や政府から明示的あるいは暗黙の求めがある中で、再び同じこと(巨額の国債買い入れ)を繰り返すことになりかねない。日本を、中央銀行による財政の資金繰り支援を当然視する社会にしてはならない。

しかしながら、急激な保有国債の圧縮は、金利の大幅な上昇を引き起こし、経済を不安定化させるリスクがある。要は、国債圧縮と市場安定のバランスをとることだが、これが難しい。政治との軋轢《あつれき》も覚悟しなければならない。それでも保有国債の圧縮を確実に進めることが大切だ。これをどのような枠組みで進めていくかが、知恵のしぼりどころとなる。

第2に、巨額の資金が市中に滞留しているために、金融引き締めの「効き」が悪くなる可能性に留意しておかなければならない。企業の手元には、豊富な資金が残存しているため、利上げを行っても反応は鈍くなる可能性がある。「効き」を強めようとすれば、利上げ幅をより大きくせざるをえない。新型コロナの収束後、米欧の中央銀行が急激な利上げに追い込まれたのも、同様の理由からだった。

第3に、利上げに伴う痛みは、経済主体（セクター）によって大きく異なることに留意が必要だ。異次元緩和のもとで、政府部門の債務である「国債」と、家計部門、法人企業部門の資産である「現預金」（現金と預金の合計）が大幅に増加した。この結果、金利上昇の痛みは、主に政府部門で発生してくる。もっとも、民間セクター内でも資産・負債の保有には大きなばらつきがあり、利上げによって打撃を受ける層と、利息収入増加のメリットを享受する層に分かれる。

これらを勘案すると、日銀は、大幅な利上げに追い込まれないよう、インフレの兆候がみられる際には早め早めに手を打つ必要がある。しかし、物価目標を高めに設定していると、インフレの兆候を読み取り損ね、政策転換が遅れかねない。新型コロナの収束後に起きたFRBやECBの政策転換の遅れは、まさしくそうした経緯によるものだった。

異次元緩和の負の遺産のもとで、日銀を待ち受けるのは隘路しかない。

「金利ある世界」の金融政策（2）：財政再建にかかる政府・日銀の共同声明は？

以下、セクターごとに、金融正常化によってもたらされるインパクトと金融政策運営を考えてみたい。

政府との関係では、日銀として、どのようなペースで保有国債を圧縮させていくかが課題となる。第6章で示したように、保有国債の途中売却は避け、満期まで待って残高を落としていくとすると、新規の買い入れをすべて停止したとしても、平時の残高まで落とし切るのに10年ほどかかる。あるいは、日銀が公表した長期国債買い入れの減額計画をもとに当初の2年間は段階的に残高を落とし、2年後からは年36兆円ずつ残高を圧縮すると仮定して試算すると、平時の残高に至るのには約14年がかかる。

年36兆円の圧縮は、一見すると無茶な金額に見えるが、金融機関はすでに巨額の日銀当座預金を保有しており、この資金を、償還見合いに発行される借換債の購入に充てることができる。したがって、借換債に限ってみれば、国債市場の混乱は避けられる理屈となる。

問題は、毎年新たに発行される新規国債だ。24年度の政府の当初予算では、約36兆円の新規国債の発行が予定されている。この新規国債を市中消化する原資は、経済成長に伴う預金の増加か、他の金融資産からのシフトが主体となる。２００6年当時の量的緩和解除時には、外国人投資家が他の運用資産から乗り換えて、日本国債の購入に向かった。

しかし、仮に日銀が国債の買い入れをすべて停止するとすれば、発行の際の金利を多少引き上げても、年間30兆円台の国債の市中消化は容易でないだろう。

日銀の買い入れ額圧縮を実現しつつ、金利の過度の上昇を避ける最も有力な方法は、新規国債の発行額抑制であり、財政の再建である。異次元緩和によって先送りされてきた課題が、ようやく前面に出てくる形となる。

日銀としては、財政の再建プログラム、すなわち新規国債の発行圧縮プログラムが作成され、開示されたところで、保有国債の圧縮プログラムにコミットしたいところだ。満期到来額を一挙に落とすのではなく、政府の財政再建へのコミットメントのもとで、新規国債発行相当額の一部の圧縮を先送りする方法である。その分、圧縮の完了が長引くことになるが、やむをえない。

できれば、次の政府・日銀の「共同声明」は、財政再建と日銀の国債圧縮に関するプログラムを中心とするのが望ましい。政界や政府の中にも、野放図な財政状況を憂いている人は少なくないはずだ。もし共同声明が難しいとすれば、日銀は、24年7月に示した先行き2年間の長期国債買い入れの減額計画を超える基本方針と長期ビジョンを策定し、世に問う必要がある。その努力を怠れば、次の世代に禍根を残す。

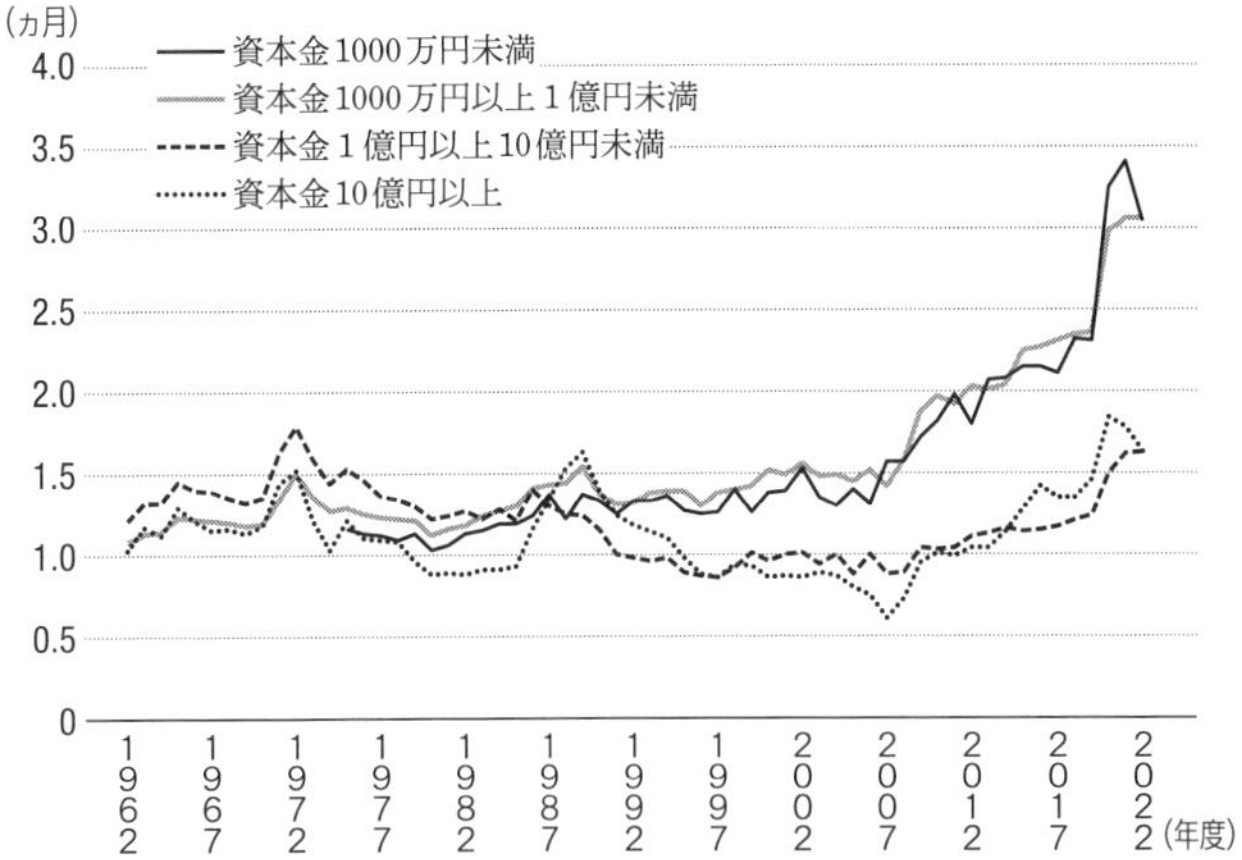

図表9-1　現預金対売上高比率の推移（金融・保険業を除く）

(出所) 財務省「法人企業統計調査」をもとに著者作成

「金利ある世界」の金融政策（3）：避けられない住宅ローンの金利負担増加

企業部門では、金融正常化とともに、倒産が一定数増えることはやむをえないだろう。なんといっても、異次元緩和のもとで倒産件数は極端に抑制されてきた。金融が正常化に向かう以上、反動は避けられない。

しかし、異次元緩和に伴う大量の資金供給のおかげで、企業はいまも巨額の現預金を抱えている。**図表9－1**は、資本金規模別にみた現預金対売上高比率の推移を示す。保有する現預金が売上高（月平均）の何ヵ月分に相当するかを表す。

グラフを見ると、どの資本金規模をとっても、現預金対売上高比率は、1970年代半ば以降で最も高い水準にある。なかでも際立つのが、零細企業、中堅・中小企業（資本金1000万円未満、および、資本金1000万円以上1億円未満）の比率の高さだ。これらの企業群は、金融バブル崩壊後の苦い経験を踏まえ、従来から手元資金の積み上げに努めてきた。

その動きを異次元緩和がさらに加速させた。加えて、新型コロナ感染拡大後の各種資金繰り支援措置もあり、現在では1980年代のピークの2倍以上に相当する高水準の現預金を有している（図表9－1）。

今後、ゼロゼロ融資（新型コロナ感染拡大期に導入された実質無利子・無担保の制度融資）などの返済が進み、コロナ禍前の状態に戻ったとしても、高水準の現預金対売上高比率であることに変わりはない。

この結果、利上げによって企業収益は圧迫されるものの、ただちに資金繰りに窮する企業が多数でてくるわけではない。このことは、日銀からみれば、金融を引き締めようとしても、その効果が現れにくいことを示唆している。金融政策の効果は、企業のアベイラビリティ（手元現預金）の水準によって変わる。引き締め効果を強めようとすれば、金利をより大幅に引き上げる必要が出てくる。日銀にとっては、急激な利上げを行わなくてすむよう、物価上昇圧力の高まりには早め早めに金融を引き締めていく必要がある。

他方、家計部門で注視が怠れないのは、住宅ローンへの影響だ。長引く超低金利のもと

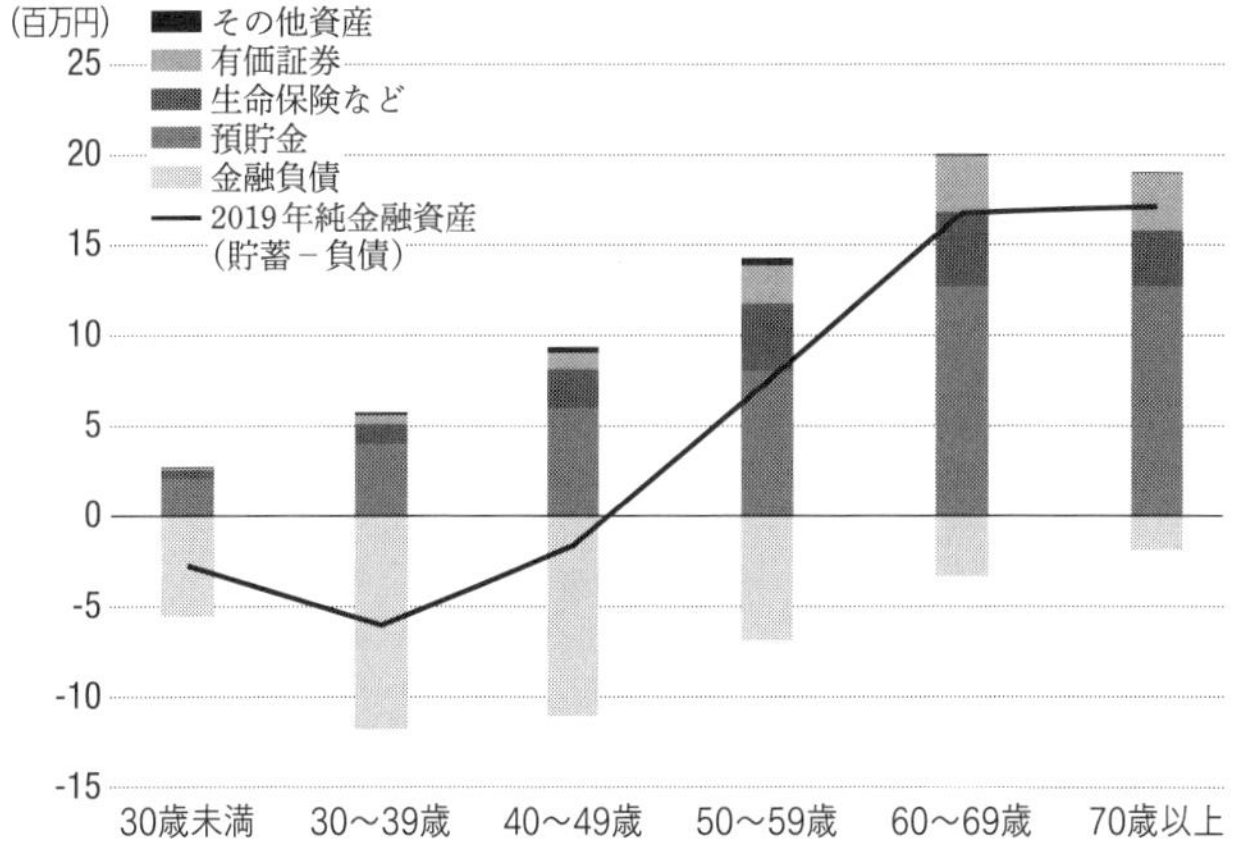

図表9-2　家計の金融資産・負債残高（2人以上の世帯、1世帯当たり）　(出所) 総務省統計局「2019年全国家計構造調査」をもとに著者作成

で、家計は、過去のトレンドを超えて多額の住宅ローンを借り入れ、住宅を購入してきた。

図表9−2は、家計の金融資産・負債残高を世帯主の年齢階層別にみたものだ。目立つのは、家計の負債残高がすべての年齢層で増えていることだ。2019年時点の負債残高（グロス）を10年前と比べると、30歳未満345万円→553万円、30〜39歳層835万円→1182万円、40〜49歳層941万円→1106万円、50〜59歳層568万円→690万円、60〜69歳層278万円→334万円、70歳以上層152万円→193万円となる。

この結果、以前であれば、40代にはネット金融資産（金融資産残高から金融負債残高を差し引いたもの）が負債超過から資産超過に転じていたものが、２０１９年調査では、ネット資産超過への転換が50代に持ち越されている。

家計部門における負債は、ほとんどが住宅ローンだ。データから分かるのは、異次元緩和下での超低金利が、いかに若年層、中堅層の住宅購入を促したかである。

住宅金融支援機構の「住宅ローン利用者の実態調査」によれば、２０２４年4月調査での住宅ローンの借入形態は、「変動型」76・9％、「固定期間選択型」（借入当初から一定期間、金利が固定され、そののちに変動金利となるもの）15・1％、「全期間固定型」8・0％だった。利用者の多くが、低金利の長期化を受けて「変動型」を選択した。この結果、短期金利が上昇すれば、利用者の負担がただちに増える構図にある。

国土交通省の「令和４年度住宅市場調査報告書」によれば、分譲集合住宅（分譲マンション）の購入資金は平均５２７９万円、うち自己資金平均２２５９万円、借入金同３０２０万円だった。借入金に対する年間返済額は約１４８万円であり、年収に対する住宅ローンの返済負担率は17・４％だった。

超低金利の時代に適用された変動金利は当初の適用利率が1％未満のものが多く、かつ、住宅ローン減税などの国からの支援もあったために、実質的な金利負担はごくわずかだった。短期金利が上がれば、利用者の負担は増える。借入金を３０００万円と仮定すると、変動金利が0・25％上がれば当初の借入残高に対する利息の年間負担額は7万5000円増える。0・5％上がれば、15万円の負担増だ。

家計部門も、異次元緩和で預金残高は大きく増えたが、その大半は高齢者の保有である。高齢者の家計は利上げの恩恵を受けるが、20代、30代、40代は預金残高の倍以上の負債残高（住宅ローン残高）を有しており、若い世代の家計は圧迫される。利上げ幅が拡大すれば、住宅ローンの条件変更も多数発生する可能性がある。注視を怠れない。

「金利ある世界」の金融政策（4）：3つのシナリオ

以上を踏まえ、今後の金融政策のシナリオをいくつか考えてみよう。

シナリオ①　好循環

第1は、企業の生産性向上とともに、賃金と物価が上がり、実質賃金もプラスを維持するシナリオだ。望ましいシナリオといえる。ただし、この場合、物価が2％を超えているかどうかは分からない。2％を超えることもあるし、2％以下のこともあるだろう。物価2％が生産性の向上を保証するものではないからだ。

鍵は、生産性がどれほど向上しているかである。以前の日銀は、物価が上がらないのは、物価の実績が低いために予想物価上昇率が上がってこないからだと言い（適合的期待形成の議論）、最近は、物価も賃金も上がらないというノルム（社会通念）が社会に浸透しているからだ（ノルムの議論）としてきた。

しかし、企業自体はこの間も常に価格の引き上げを模索してきた。企業が収益の拡大を図ろうとするときには、コストの引き下げによるケースと、品質の向上により製品を差別化し、価格を引き上げるケースとがある。ともに生産性の向上につながるが、コスト引き下げの場合はそれだけで収益が増えるので、価格は据え置かれる公算が大きい。一方、品質の向上で収益増を図ろうとする場合には、製品価格の引き上げが基本となる。品質向上の場合は、既往製品に対する価格引き上げでしか収益増を図る道はないからだ。

実際、激しい国際競争にさらされてきたグローバル企業は、こうした価格戦略をとってきた。コモディティ化した製品（他社の製品と区別のつきにくい製品）についてはコストの削減を図り、高付加価値の製品については、差別化を図り、価格の引き上げを追求してきた。

しかし、個別企業が価格の引き上げに成功しても、経済全体で物価や賃金が上がるとは限らない。競争に敗れた企業では雇用の削減が起きる。こうして生じた雇用の吸収がどのような形で図られるかが、社会全体の生産性の決め手となる。市場経済にあっては、基本は、市場競争を通じた企業間の切磋琢磨が、経済全体の付加価値を高めていくと考えられてきた。したがって、個々の企業が価格引き上げを模索しても、経済全体で価格の引き上げが通りにくいとすれば、市場競争の原理がなぜ働かないのかを考える必要がある。

著者が推定する理由は、国内の企業存続を重視し、生産性の低い企業にも多額の補助金の供与を続けてきたことが市場競争をゆがめてきたからだろうというものだ。コロンビア大学のデイビッド・ワインスタイン教授は、「日本の中小企業は経済協力開発機構（OECD）のどの加盟国よりも潤沢な補助金を得ている」と指摘している（日本経済新聞2024年4月19日朝刊「経済教室」）。

例えば、品質向上の競争に敗れた企業にも補助金が供与され、しばらくの間、存続が可能であるとすれば、どうか。補助金を受け取った企業は、まず提供する製品の価格を引き下げて、売り上げの維持に努めるだろう。そうしなければ自らの存続が危うくなるからだ。みなが同じ行動をとれば、物価に低下圧力が働く。それだけではない。既往製品の価格が補助金分だけ低下すれば、高付加価値製品の価格割高感が強まる。すべての企業が補助金を得ているわけでないこともある。

仮にこれがノルムの正体であるとすれば、国や地方の財政支出のあり方に課題がある。日銀の異次元緩和も超低水準の金利を通じて、企業の存続を支えてきたことに留意する必要がある。

ノルムの正体がどのようなものであれ、望ましい物価と賃金の上昇率は、生産性の伸び率とのバランスで考えられなければならない。２０２３〜24年に高めの賃上げが実現したのは、新型コロナからの需要回復に加えて、円安、人手不足という環境変化があったからだ。これが長い目で見て生産性向上に結び付くとすれば、人手不足をきっかけに企業による生産性向上への取り組みが強まり、開花する場合だろう。その可能性を論じる前に重要なのは補助金行政の見直しであり、企業の新陳代謝の促進を図ることである。

一方、物価に関しては、すでに述べたように、２％の上昇率を「適切な水準」と決め打ちする理由に乏しい。日銀は物価目標に縛られ過ぎず、柔軟な政策運営を心掛けていく必要がある。

金利水準について付け加えれば、長い目で見ると、名目の長期金利は、おおむね予想物価上昇率の前後の水準に近づくことになるだろう。名目の長期金利は、実質の長期金利の見通しと予想物価上昇率を足したものになるが、日本の実質の長期金利は、労働力人口の減少と生産性の向上がおおむね見合う結果、当分の間ゼロ％近傍に収れんしてくるとの見方が多い。この結果、名目の長期金利は、予想物価上昇率の前後の水準となる。

したがって、予想物価上昇率が１％台であれば名目長期金利（10年物国債利回り）は１％台、予想物価上昇率が２％台であれば名目長期金利も２％台に向かうことになるだろう。

一方、短期金利は過去の経験則から、長期金利を0・5〜1・0％程度下回る水準に落ち着いてくるだろう。今後保有国債の着実な圧縮とともに、現在0・25％程度（2024年8月初時点）にとどめている短期金利の誘導目標を引き上げていくのが基本シナリオとなる。

シナリオ② 物価高騰（悪循環）

第2のシナリオは、地政学リスクの高まりに伴うグローバルな物価上昇圧力の強まりから、日本でも物価2％超えが継続するケースである。

海外からの輸入価格の上昇が物価上昇の理由である以上、景気は下向きとなり、国内物価の上昇にもいずれ歯止めがかかるというのがメインシナリオとなる。

それでも、物価が上がり続けるようであれば、悪性インフレを警戒する必要がある。輸入物価の国内価格への転嫁だけでなく、輸入物価の値上がりをきっかけに国内でも追随値上げが強まる状況である。生産性の向上を伴わないまま、物価が上がり、賃金が物価の上昇を後追いすれば、前述の「物価と賃金の悪循環」に陥りかねない。

いったん悪循環が定着すれば、1970年代までのわが国がそうであったように、行き着く先は悪性インフレである。現状では、このシナリオの蓋然性は低いが、市中に巨額の資金（マネー）が滞留しているのは気がかりな材料である。

万一、悪性インフレの芽が膨らむ事態に立ち至れば、日銀は早め早めに金融引き締めに向かう必要がある。物価2％を前提とすれば、短期金利も少なくとも2％前後まで引き上げる必要があるだろう。長期金利も3％台をうかがう情勢となるはずだ。

シナリオ③　景気悪化

第3は、高止まりを続けてきた世界の株価が急落するなどして、海外景気が悪化し、米欧の中央銀行も利下げを急ぐケースだ。国内物価も2％を割る可能性が出てくる。こうなると、日銀は金融の正常化を進めにくくなる。市中に多額の資金（マネー）が残存している以上、金融情勢は引き続き緩和気味であるが、利上げはいったん小休止せざるを得ないだろう。

さらに、万が一世界的な景気の悪化が金融システム不安を惹起する場合には、躊躇なく、短期金利を引き下げ、国債の圧縮も停止することになるだろう。緊急時の初期動作は、多額の資金を供給する姿勢を見せ、市場や国民に安心感を与えることである。

しかし、そうした金融政策を繰り返せば、正常化はいっこうに進まず、「永遠の金融緩和」に陥るリスクがある。「永遠の金融緩和」の行き着く先は、急激な円安と高インフレだ。

そうした事態に追い込まれないよう、日銀は、あらかじめ金融の正常化を可能な限り着実に進めておきたいところだ。保有国債の圧縮が腰砕けと見られないよう、一時的な圧縮の停止はやむをえないにしても、残高を再び増加させるような買い入れの増額には慎重でなければならない。国債の圧縮が腰砕けになれば、財政ファイナンス酷似の国債買い入れの扉を再び開いてしまうことになりかねない。危機が訪れてからでは遅い。財政ファイナンス酷似の国債買い入れの危うさを、日銀は国民にもっと丁寧に説明する必要がある。

2024年8月の金融市場の乱高下

2024年8月、米国の景気後退懸念の台頭と市場の想定外の日銀による利上げ（7月）をきっかけに、金融市場では大幅な株価下落と円相場の反転・上昇が起きた。この市場急変が生まれた背景には、世界的な過剰な金融緩和と巻き戻しがあった。

もともとのきっかけは新型コロナの感染拡大だったが、各国中央銀行が過剰な金融緩和を行った背後には、第3章で述べたように、物価下落に対する過度のおびえと物価目標2%への固執があった。とりわけ、異次元緩和を正当化するための理屈として語られた「小幅の物価下落であっても、デフレが経済の長期停滞をもたらす」との日本からの発信が、欧米の中央銀行にも影響を与え、リスクの高い政策運営（「平均物価目標2%」など）に向かわせた。

その結果、米欧の物価は跳ね上がり、ＦＲＢやＥＣＢは大幅な利上げで対抗せざるをえなくなった。しかし、巨額の資金供給を続けたあとだけに利上げの効果はなかなか現れず、株価が高止まりを続ける中で、金融引き締めが長期化した。その後、米国景気にスローダウンの兆候が現れるや、株価に修正が入り、市場は混乱した。日本では、日銀が金融正常化の第一歩を踏み出した矢先の市場乱高下となり、難しい舵取りを迫られている。

もし、こうした市場の急変に対し各国中央銀行が再び大胆な金融政策を講じるようであれば、過剰な金融緩和と巻き戻しの「負のサイクル」が過度の経済の振幅と新たな金融危機を再度引き起こすことになるだろう。リーマンショックがそうであったように、十数年ごとにこれを繰り返すとすれば、中央銀行の罪は重い。

リーマンショックのきっかけとなった米国の住宅バブルは、物価（コアPCEデフレーター）上昇率がわずか年率プラス２・３％（２００５～07年）のときに起きた。いま見直すべきは、物価目標政策のあり方と「物価目標２％」の妥当性である。金融市場と金融システムの安定を揺るがすような、物価目標政策であってはならない。

第10章　中央銀行とは何者か

中央銀行が目指すべき「通貨の信認確保」とは

最終章では、その目的に立ち返って、中央銀行はどのようにあるべきかを考えてみたい。理由は、多くの識者が、日銀の役割をもっぱら「物価の安定」に限定して考えているように見えるからだ。あるいは、「物価目標の達成」を日銀の最上位の目的と受け止めている人も多い。

しかし、それらは誤りだ。日銀が目指しているのは「物価の安定」よりも広い概念だ。著者はこれを「通貨の信認確保」と呼んでいる。「物価の安定」はその中の一つであるが、一つに過ぎないともいえる。

改めて日本銀行法をみてみよう。

日本銀行の目的（第一条）

①「日本銀行は、我が国の中央銀行として、銀行券を発行するとともに、通貨及び金融の調節を行うことを目的とする」

②「日本銀行は、前項に規定するもののほか、銀行その他の金融機関の間で行われる資金決済の円滑の確保を図り、もって信用秩序の維持に資することを目的とする」

日本銀行の理念（第二条）

「日本銀行は、通貨及び金融の調節を行うに当たっては、物価の安定を図ることを通じて国民経済の健全な発展に資することをもって、その理念とする」

同法第一条、第二条でいう「通貨及び金融の調節」が、いわゆる金融政策に当たる。第一条の条文からは、日銀の目的は、金融政策を通じた物価の安定だけではなく、銀行券の発行、資金決済の円滑の確保（決済システムの安定的な運営）とこれを通じた信用秩序の維持を含む幅広い概念であることが分かる。

また第二条は、物価の安定は、国民経済の健全な発展に資するものでなければならないとしている。

「通貨の信認確保」を整理すれば、①銀行券の円滑な発行と流通、②決済システムの安全な運行、③信用秩序の維持（金融システムの健全性確保）、④物価の安定確保——といった目的を包含する概念となる。

これらの目的の中で、どれか一つが優先することはない。なぜならば、中央銀行の機能は元をただせば通貨の供給・吸収の一つしかないからだ。日銀の責務は、国民が安心して保有し、利用できるよう「通貨」を守ることに尽きる。それゆえに、日銀は、決済システムや金融システム、物価を含む経済全般に目を光らせる。歴史をひもとくと、中央銀行はもともと決済システムの安定のために創設されたものであり、目的に物価の安定が付け加えられたのは、相対的に新しい話である。

また、「市場機能の維持」は法律上の目的にはないが、市場経済を基軸に据える国であれば、尊重すべき不可欠の要素といえるだろう。

その一方で、現実には、個別の目的の間で軋轢が生じることが少なくない。物価の安定と金融システムの安定、あるいは市場機能の維持が常に同じ方向で一致するわけではない。例えば、金融システムの崩壊の縁に立たされたときには、物価の安定に目をつむってでも資金を供給し、金融システムの維持に努めることがありうる。金融緩和の行き過ぎが、金融システムの安定を脅かすときには、物価目標が達成されていなくても、金融緩和を収束させる必要がある。

こうした観点に立てば、異次元緩和がもたらす金融システムや市場機能への悪影響を意識するのは、中央銀行として当然の責務である。異次元緩和の「副作用」と呼ばれてきた、これらの要素は、中央銀行としていつも考慮に入れておかなければならないものだ。

物価目標達成のための金融政策が、市場機能の著しい低下を招くのならば、まずは目標の適切性を疑うことが重要である。目標数値の絶対視は、「通貨の信認確保」の観点からみれば、危ういことである。そのために金融システムを混乱させては、元も子もない。また、物価目標の妥当性は、国民経済の健全な発展に資するかどうかで判断するのが、法律上の要請にみえる。異次元緩和が、この判断基準に沿って評価できるものかどうかは、議論の余地があるだろう。

リーマンショック、東日本大震災にみる「通貨の信認確保」

ここでは、「通貨の信認確保」をイメージしやすいよう、リーマンショックと東日本大震災の発生を例に、日銀という組織がどのように動いたかを簡単に紹介してみよう。ともに白川日銀時代の出来事だった。

[リーマンショックの経験]

２００８年９月15日、米投資銀行リーマン・ブラザーズが破綻した。負債総額６０００億米ドルを超える大規模倒産だった。世界に散らばる無数の債権者が損失を被り、米欧金融機関に対する疑心暗鬼が生まれた。金融取引を控える動きが世界的に広がり、貿易取引も縮小。世界経済は大きく収縮した。

日銀の初期動作の一つは、国内の決済システムを維持することだった。リーマン・ブラザーズは日本にも現地法人（リーマン・ブラザーズ証券）を有しており、日本の国債市場では取扱高上位5指に入るビッグプレーヤーだった。この日本法人も、親会社の破綻を受けて民事再生手続きが開始された。同社が破綻前に約定を行っていた巨額の国債取引は、すべて決済が停止された。

日銀や関係者が最も心を砕くのは、破綻に伴う当該金融機関の決済停止が他の市場参加者の決済や資金繰りに影響を及ぼし、市場の不安が増幅されないよう、そのほかの決済の着実な進捗を確保することである。

国債市場では、こうした事態に備えて、あらかじめ「日本国債清算機関」が設立されていた。しかし、同機関は2005年に業務を開始したばかりであり、リーマンの日本法人は機関設立後、初の参加者破綻となった（日本国債清算機関はその後、日本証券クリアリング機構と合併）。

清算機関は、平時から、国債取引で生じる参加者間の債権・債務関係を取引決了後ただちに肩代わりしたうえで、銘柄別の受け払い差額に置き換えて、各参加者と決済する仕組みとなっている。そうすることで、リスクは清算機関に付け替えられ、参加者の負担は軽減される。ただし、清算機関にリスクが集中するため、スキームが機能するかどうかは、清算機関のリスク管理能力と事務処理能力に依存する。

リーマン日本法人の破綻に伴って、リーマンに売却する予定の国債は、通常どおり、参加者から清算機関に集まり、そのまま清算機関に留め置かれた。その一方で、清算機関は、当初予定していたリーマン日本法人から資金を受け取ることができないため、資金をみずから手当てして、参加者に支払う必要があった。万一、支払いが滞れば、参加者の資金繰りに支障をきたす。そこで、清算機関は留め置いた国債を見合いとするレポ取引や金融機関からの借り入れを急遽実施することとなった。

清算機関は、その作業を当日の決められた時間内にすべて処理し終える必要がある。万一、決済が翌日以降にずれこむようなことがあれば、信用不安が広がるおそれがあった。関係者には大きな負担がかかったが、なんとか時間内に一連の処理を終えることができた。日銀は関係者の作業を逐一フォローし、必要に応じ助言を行った。関係者によるこうした地道な作業が、信用不安を防ぎ、経済の安定に大きく貢献している。

また、日銀は本支店のネットワークを動員し、国内すべての金融機関がリーマン・ブラザーズ・グループにもつ債権・債務を洗い出す作業を進めた。リーマンとの取引だけでなく、米国不動産関連の証券化商品を直接保有している国内金融機関もあった。そうした事実を詳細に把握し、リーマンショックが国内金融機関の破綻につながらないよう、厚めの資金の確保を金融機関に求めるとともに、日銀も積極的な資金供給を行って裏から支えた。

リーマンショックでは、ショックの源が米金融機関だったにもかかわらず、米ドル市場が不安心理の台頭から急激に縮小し、日系や欧州系の銀行が米ドル調達に苦しむ事態に至った。日銀は先進国中央銀行と連携して、ＦＲＢとの間でスワップ取り決めを結び、日本国債を担保に米ドル資金を受け入れ、国内金融機関に供給した。

その後、時間の経過とともに経済の落ち込みが深まり、日本企業の資金繰りにも悪影響が出始めた。これを踏まえ、金融政策面では短期金利の引き下げとともに、企業金融円滑化の観点からいくつもの措置を導入した。第２章で述べた「資産買入等の基金」の導入やＥＴＦなどの買い入れ拡大もそうした措置の一環である。

［東日本大震災の経験］

２０１１年3月11日、東日本大震災が東北地方沿岸部を襲った。ここでも、初期動作の一つは、行内外の決済システムの運行確認だった。日銀は、１営業日当たり２５８兆円（24年3月時点）にのぼる銀行間の資金決済システム（日銀ネット）を自ら運行している。東京も最大震度5強の揺れに見舞われたが、日銀ネットは平常通りの安定的な運行が確認された。また、民間の運営する大規模決済システムや個別金融機関のシステムの稼働も確認した。仙台地区では、大規模停電が発生し、多くの民間金融機関が自家発電機で週末のシステム処理を続けた。

東日本大震災では、地震、津波、原子力発電所事故という3つの災害が連続的に発生し、多くの人が避難生活を余儀なくされた。住みなれた土地を離れ、遠隔地に避難する人も多かった。その際には、銀行から預金を引き出し、現金を持参するケースが多かった。東北地域の地元金融機関は、震災発生の翌12日（土）、13日（日）も休日を返上して営業を再開し、預金者の預金引き出しに応じた。日銀も週末、青森、仙台、福島の各支店と盛岡事務所[※8]（盛岡保管店）の窓口を開け、金融機関に対し現金の払い出し（＝金融機関による当座預金の引き出し）を行った。東京にある日銀本店も、金融機関からの要望に応じて硬貨の払い出しを行った。帰宅困難となった人々がスーパーマーケットやコンビニに殺到し、硬貨が不足するおそれがでてきたことによるものだった。

被災地金融機関の現況確認も急いだ。東北地方の太平洋沿岸部では、人的被害を被ったり、建物を失ったりした金融機関が複数あった。それでも、仮店舗などで預金者の支援を続けていた。日銀は、金融機関の資金繰りや現金手当てへの協力を行った。

金融政策面では、震災発生直後から金融市場に大量の資金供給を行うとともに、週明けの14日（月）、15日（火）に予定されていた金融政策決定会合を1日に短縮し、金融緩和の

※8　例えば盛岡のように、日銀の本支店が所在せず、事務所のみが置かれている地域で、現金供給の必要がある場合には、日銀は、地域に所在する民間銀行に現金を寄託し、そこから現金の払い出しを行っている。この寄託先を「保管店」と呼んでいる。

強化を決定した。あわせて、18日(金)には、G7財務大臣、中央銀行総裁の電話会議が開かれ、円高に対抗するため日、米、英、カナダ、欧州中央銀行による為替市場への協調介入が実施された。

14日夜には、一部大手行でシステムトラブルが発生し、日を追うにつれて障害が拡大した。義援金口座への入金が集中したのをきっかけに、その後の対処ミスとあいまって、大規模障害に至ったものだった。日銀も、当該行と他行との為替決済ができる限り多く処理されるよう、全国銀行データ通信システム(全銀システム)の運行時間延長にあわせて、一時、日銀ネットの決済時刻を延長した。しかし、障害はなかなか収まらず、事態収束には1週間以上を要した。

震災発生後、時間が経つにつれて、被災地の支店や事務所には続々と損傷現金が持ち込まれるようになった。津波で水に浸かった銀行券・硬貨や、火災で損傷を受けた銀行券・硬貨の交換要請である。なかでも、仙台、福島支店および盛岡の臨時窓口に持ち込まれた損傷銀行券・硬貨の引き換え依頼は大量にのぼり、応援のため、本店や他支店から長期にわたり職員を派遣した。損傷銀行券の引き替え額は、震災発生後の約3ヵ月で24億円強に達した。阪神・淡路大震災後の約6ヵ月間の神戸支店の引き換え実績の約3倍に当たった。

これらのほかにも、リーマンショック時や東日本大震災では、数えきれないほど多くの緊急業務があった。これらのすべてが「通貨の信認確保」のための業務である。そして、日銀職員の間にはこれらの責任を全うするための心構えと準備が脈々と受け継がれ、いざというときには直ちに現場が動き出す態勢が整えられている。

日銀のすべての業務は有機的につながっており、だからこそ、震災のような緊急時にはすべての現場が「通貨の信認確保」に向けて一斉に動き出す。それが「通貨の信認確保」に携わる中央銀行というものである。日銀の責務は、究極的に、国民が安心して保有し、利用できるよう「通貨」を守ることである。「物価の安定」もそうした幅広い役割の中で、バランスよく理解されなければならない。

常に悩ましい政治との関係

中央銀行にとって、政治との関係はいつも悩ましい。政治は財政支出拡大のバイアスが働きやすく、ともすれば、中央銀行に財政ファイナンス（財政赤字の補填）を求めがちだからだ。近世のヨーロッパの王室は、みずからが政治を担うとともに、貨幣の発行も行った。その結果、放漫財政を貨幣の発行（いまでいうマネタリーベースの供与）で補い、結局、国も貨幣も信用を失っていった。

こうした経緯を踏まえて、中央銀行は政府から切り離され、独立性が付与された。それでも、中央銀行と政府との軋轢は恒常的に続いている。

［1970年代の狂乱物価］

1970年代の日本の狂乱物価は、日銀の失敗例だった。1971年8月のニクソンショックにより、1ドル＝360円の固定為替相場が放棄され、4ヵ月の変動相場を経て、同年12月には1ドル＝308円へと移行した。しかし、これも長続きせず、73年2月に現在の完全変動相場に移行した。

1ドル＝360円からの離脱は、日本経済を大幅に悪化させるとの見方から、日銀は積極的な金融緩和を進め、72年夏にはマネーストック（当時の呼称はマネーサプライ）は前年比25％を超える高さとなった。72年7月に発足した田中角栄内閣は、「円の再切り上げは絶対に行わない」と表明するとともに、そのために「積極的な財政金融政策を展開する」と言明した。大型の補正予算が組まれ、空前の列島改造ブームが起きた。全国で地価が高騰し、物価の上昇圧力が急激に高まった。

日銀の対応は後手に回った。72年秋以降、緩和スタンスの修正を模索し始めたが、政府からは消極的な意見が伝えられた。積極的な財政金融政策は田中内閣の方針であり、その意向にあらがえなかったということだろう。物価は二桁インフレに近づき、73年に入ってようやく引き締め方向への政策転換を行ったが、間に合わなかった。73年秋には第一次石油危機もあり、物価は一段と高騰、74年には前年比20%を超えるに至った。同年末、田中内閣は退陣した。

日銀にとって、苦い教訓だった。政治との対峙のあり方は、失敗の記憶としてその後の日銀職員に深く刻まれた。

ポール・A・ボルカー元FRB議長（時事）

［ボルカー元FRB議長の闘い］

中央銀行の独立性をめぐる政治との苦闘は、米国でも繰り返されている。その典型は、1979年から87年までFRB議長を務めたポール・ボルカー氏の時代である。

79年8月、ニューヨーク連邦準備銀行（FRB傘下にある地区連銀）の総裁だった同氏は、次期議長候補としてカーター大統領に呼ばれた。席上、同氏は大統領に①自分にはFRBの独立性に思い入れがある、②FRBはインフレに正面から取り組まなければならない、③（もし議長となった際には）自分は前任者よりも引き締め気味の金融政策を提唱するだろう、と述べたとする（『ボルカー回顧録』）。

当時、米国は消費者物価で前年比二桁台の高インフレに直面していた。議長に就任したボルカー氏は、同年秋、金融調節の方式を変え、それまで金融政策の操作目標だった翌日物短期金利を、市場の自由な変動に委ねた。その結果、金利は一時、年20％前後まで高騰した。

約3年続いたこの調節方式は、のちに、政策金利の大幅な引き上げを嫌う産業界や世論の反発をかわす「実務家の知恵」と評されるようになった。実際、FRBの本部ビルが農場主たちのトラクターで取り囲まれることがあった。住宅建設業者がツーバイフォーの建材を切断し、メッセージを書いて送りつけてくることもあったという。

その後、強烈な引き締め策が奏功し物価上昇率は低下を始めたが、FRBは手綱を緩めなかった。インフレが十分に収まったとはいえなかったからである。しかし、81年に就任したレーガン大統領のもとでは、政権幹部がしばしば金融政策に注文を付けてくるようになった。86年2月、レーガン政権下で任命されたマーティン副議長と3名の理事たちが反乱を起こし、定例理事会（午前）で、突如、公定歩合の引き下げを提案。ボルカー議長の意向に反し、マーティン副議長らの提案が多数決で決定される事態が起きた。理事会終了後、ボルカー議長はただちに辞任を決意し準備を始めたところ、午後になって副議長、理事たちがあわてて再度の理事会開催を求め、午前の決議を撤回する事件が起きた。

ちなみに、短期金利の水準を決めるFOMC（連邦公開市場委員会）はワシントン本部のFRB理事のほか地区連銀の総裁を含むメンバーで構成されているが、民間銀行に対する貸出金利である公定歩合はワシントン本部の理事会の専決事項となっている。この事件は、当初外部には一切伏せられていたが、次第に外部に知れるところとなり、3月、マーティン副議長は退任した。

ボルカー氏は、1987年夏に2期の任期を全うし、退任した。同氏は、いまでこそ、米国の高インフレを抑え込み、米国経済の持続的発展の基礎を築いた人物と評されているが、任期中は、金融緩和を求める政権との苦闘の日々だった。

信念と知恵をもって政策を進め、インフレ抑え込みの基礎をつくったボルカー氏の功績はきわめて大きい。もともとニューヨーク連銀のエコノミストから社会人生活をスタートし、財務省の財務次官としてニクソンショック後の通貨体制の検討を主導、その後ニューヨーク連銀の総裁を務めた上でのFRB議長就任だった。実務家として積み重ねたキャリアとともに、中央銀行とは何たるかを十分に理解したうえで、政治との闘いに臨んだ。

2019年に92歳で亡くなるまで、質素な生活ぶりと高潔な人柄は、公共に奉仕する人として、多くの国民の尊敬を集めた。著者は日銀ニューヨーク事務所に駐在当時、何度か同氏にお目にかかったが、米国民からこれほど信頼された人物はほかにはほとんどいなかっただろう。『ボルカー回顧録』によれば、FRB議長時代は病弱な夫人を自宅のあるニューヨークに残し、首都ワシントンに月額400ドル（当時約9万円に相当）の部屋を借りて暮らしていたという。その後も米国経済が危機に見舞われるたびに、公職への就任を要請された。まさに「闘う公僕」と呼ばれるにふさわしい生き様だった。

［リフレ派の楽観論］

中央銀行に所属する限り、政治との関係にはことのほか気を使い、あるときには警戒して臨むことになるが、この点、リフレ派のエコノミストは楽観的だ。政府・日銀が共同声明で物価2％という共通目標を掲げている以上、これに反して政府が金利抑制の要請を行うことはないし、仮に政府が要請を行うとしても、日銀はこれをはねつけ、利上げに専心できるとの見立てである。

しかし、著者には、この政治認識は現実離れしているように見えてならない。繰り返し述べたように、政治には財政支出の拡大を求める慣性があり、集票上有利な行動を優先しがちだ。政府があっさりと金利抑制の要請を取り下げると考えるのは、楽観的に過ぎる。

実際、アベノミクスの期間中、政権がどこまで政府・日銀の共同声明を重視していたかは疑問である。２０１３年以降、時間を経るにつれて、政権側から物価目標２％の実現を主張する声は減っていった。政府・日銀の共同声明に掲げられた「持続可能な財政構造の確立」も、事実上ほとんど手つかずのままに過ぎた。

財政支出を増やしたい立場からいえば、物価目標２％が実現し、国債の買い入れが停止されるよりも、物価目標が達成されず、国債の大量買い入れがいつまでも続いたほうが、居心地がよかっただろう。

さらに言えば、政治の立場からみれば、物価目標を２％から３％、４％に書き換えることも、さほど難しいと感じていなかったのではないか。ボルカー元ＦＲＢ議長が、「いったん２％目標を許容すれば、いずれは目標値を３％、４％に引き上げよとの議論が起きる」と懸念していたように、どこの国でも、政治の側には物価目標を高めの数値に置き換えるインセンティブ（動機）が潜在している。

人類共通の知恵として、こうした政治の慣性をあらかじめ牽制しておこうというのが、財政ファイナンスの禁止であり、中央銀行への独立性付与だった。１９９８年に施行された日銀法改正は、そうした趣旨を踏まえてのものだった。しかし、２０１２年の総選挙では、野党自由民主党は公約の中で、日銀法の改正により日銀の独立性を制限することをちらつかせながら、みずから掲げる「大胆な金融緩和」を実現させようとした。
政治から金利抑制の要請があっても、日銀はこれを抑えて引き締めに専心できるとのリフレ派の政治認識は、どうしても現実離れしているように見えてならない。

［政治への期待］

日銀法は、日本銀行の独立性と政府との関係を次のように規定している。

（日本銀行の自主性の尊重及び透明性の確保）
第三条　日本銀行の通貨及び金融の調節における自主性は、尊重されなければならない。
②日本銀行は、通貨及び金融の調節に関する意思決定の内容及び過程を国民に明らかにするよう努めなければならない。

（政府との関係）
第四条　日本銀行は、その行う通貨及び金融の調節が経済政策の一環をなすものであることを踏まえ、それが政府の経済政策の基本方針と整合的なものとなるよう、常に政府と連絡を密にし、十分な意思疎通を図らなければならない。

前述のとおり、第三条、第四条でいう「通貨及び金融の調節」がいわゆる金融政策に当たる。第三条では自主性との言葉が用いられているが、独立性とおおむね同義と理解されている。また、第四条の政府との十分な意思疎通を担保するための制度的な枠組みとして、日銀法では金融政策決定会合への政府からの出席や、政府による議案提出権や議決延期権などが定められている。

第三条、第四条の条文自体は、さほど違和感なく受け止められるだろう。しかし、中央銀行の独立性と政府の基本方針との整合性は、常に無理なく調整されるわけではない。

黒田総裁時代の日銀は、過去にないほど、中央銀行自らが政府との一体性を強調した時代でもあった。財政ファイナンス酷似の国債買い入れを見直すことなく、どこまでも続けたのは、やはり政府に対する黒田日銀の基本的なスタンスを反映しているだろう。

もちろん、政治家の中にも、大量の国債発行を続けて将来の世代に負担を付け回すことに心を痛めている人は少なからずいるはずだ。したがって、政治は「財政支出拡大の旗を振り回すもの」と決めつけるのも、適当でない。最優先は持続的な財政構造の確立であり、政治の中にこれをどう広げていくかである。

１９９７年に施行された財政構造改革法は、国会自らが、財政健全化目標を法定化するとともに、社会保障関係費や公共投資関係費の量的削減目標を設定するものだった。残念ながら、折からの金融危機のために同法は翌１９９８年に施行が停止された。しかし、法律は廃止されたのではなく、いまも施行停止中である。そうしたのは、当時の国会が財政再建の重要性を共通認識としていた証しだろう。

財政赤字の拡大をシルバー民主主義の結果として棚上げとするのは、将来への責任感を欠く。日銀による保有国債の圧縮は、政府と日銀の対立の構図で語られがちだが、もともと将来世代のために必要な財政構造改革であり、問われているのは、私たちが健全な経済をどう将来世代に引き継ごうとしているかである。

例えば、国民一人一人がより長く働き、税や社会保障費を負担していこうというのは、私たちが受ける長寿の恩恵を将来世代に還元することにほかならない。先人たちが脈々と築き上げてきた日本円に対する信認と活力ある日本経済を次の世代に引き継ぐこと――それが、いまを生きる私たちの責務だろう。

市場を尊び、謙虚に学び、率直に語る

中央銀行の仕事は、通貨の供給と吸収を通じて「通貨の信認を確保すること」である。達観していえば、中央銀行は、通貨の供給と吸収という一つの手段しかもたない。しかし、その効果は絶大である。経済活動の隅々に影響を及ぼし、国の経済を左右する。

それゆえに、中央銀行は学び続けなければならない。経済の理論だけでなく、実体経済や決済システム、金融システムの動向を常に把握する必要がある。社会経済は常に変遷している。そもそも私たちは人々の行動原理をすべて承知しているわけではない。一つの理屈に固執するのは危うい。謙虚に学ぶ姿勢を失ってはならない。

国民に向けて率直に語ることも大切だ。中央銀行は、政策を国民に理解してもらう責任がある。自らの政策は常に正しいと言い続けることが、国民から信認を得る道ではない。率直に語ってこそ、国民との対話が成り立つ。

市場機能の尊重も必須の要件だ。中央銀行による資金の供給の中心は、市場を通じて行う金融調節だ。市場機能が働かなければ、効果は低下する。中央銀行が市場を信用しなければ、市場も中央銀行を信用しない。

市場を尊び、謙虚に学び、率直に語る――植田日銀に期待してやまない。

あとがき

日本銀行に勤務した36年間、金融政策・金融調節や金融システム、決済システム、業務継続など、数多くの分野を経験した。その中で肌で感じたのは、中央銀行の責務は人々が安心して通貨を保有し、利用できるようにすること——一言でいえば「通貨の信認確保」ということだった。

もちろん物価の安定は重要な要素の一つだが、ほかにも金融システムの健全性確保など、複数の要素がある。これらの要素を一体のものとして捉え、適切な資金の供給・吸収に努めるのが中央銀行の役割である。どれか一つの要素が他に優先する話ではないし、ましてや、物価目標の2％といった数値の達成が他のすべてに優先することはない。

最近の日銀からは、物価2％台が続く状況を踏まえ、「デフレとの闘いの終焉が視野に入った」といった楽観的な発信が増えている。しかし、本当にそれでよいのだろうか。「まえがき」にも記したように、いまの日本の経済政策を特徴づけるのは、財政ファイナンスに酷似した日銀の国債大量買い入れと、緩んだ規律のもとでの財政運営である。その結果として円安と物価の上昇が起きているとすれば、それは「通貨の信認をみずから低下させることによって、2%インフレを引き起こそうとした」かのように見える。

クルーグマン教授の「日銀は無責任たれ」の言葉の実践にも見えるが、大切さの順序が逆転している、つまり「通貨の信認確保」と「2%インフレ」の関係が本末転倒しているように見えてならない。異次元緩和を終えた今、日銀は通貨の信認維持の観点から金融の正常化を急ぐ必要がある。

日銀は、植田総裁就任直後から、過去25年の金融政策の多角的レビューを行ってきた。しかし、避けてはならないのは、直近11年にわたる異次元緩和のレビューである。異次元緩和は、「資産の健全性確保」や「財政ファイナンスの禁止」といった、世界の中央銀行が堅持してきた規範を危うくするものだった。そのレビューなしに、これからの金融政策を語ることはできない。

同時に、金融政策の分析は財政を含む経済全体の中で議論される必要がある。日本経済の最大の課題は生産性の向上である。本稿では日本経済の市場機能の低下に焦点を当ててきたが、このほかにも労働市場の流動性の低さなど、検討を要する事項は多い。日本有数のシンクタンクである日銀には、日本経済の真の課題に鋭く切り込む分析と提言を期待したい。

日銀を退職してから色々な場所で書き連ねてきた内容を、今回一冊にまとめる機会を頂戴した。講談社学芸第一出版部の高月順一氏には、声をかけていただいた上に多くの示唆と励ましをいただいた。また、日銀時代の同僚である大阪経済大学高橋亘教授（元日銀金融研究所所長）には草稿段階で有益なコメントを多く頂戴した。深くお礼を申し上げたい。

そして、中央銀行を貫く精神と業務の数々（それも地道なものがほとんどである）を巡っては、日銀時代の先輩、同僚、後輩から多くのことを学んだ。6年間勤務したＮＴＴデータ経営研究所をはじめ、いくつかの民間企業からは、事業会社が大切にする理念や事業へのアプローチの仕方など、たくさんのことを教えていただいた。お一人お一人の名前をあげることはできないが、この場を借りて厚くお礼申し上げたい。

最後に、私事ながら、長年付き合ってくれている家族に感謝の気持ちを記したい。日々好奇心を保ち続けてこられたのは、笑いの絶えない家庭のおかげである。

講談社現代新書　2753

異《い》次《じ》元《げん》緩《かん》和《わ》の罪《つみ》と罰《ばつ》

二〇二四年九月二〇日第一刷発行　二〇二四年一〇月二四日第三刷発行

著　者　山《やま》本《もと》謙《けん》三《ぞう》

発行者　篠木和久

発行所　株式会社講談社

東京都文京区音羽二丁目一二—二一　郵便番号一一二—八〇〇一

電　話　〇三—五三九五—三五二一　編集（現代新書）
〇三—五三九五—四四一五　販売
〇三—五三九五—三六一五　業務

装幀者　中島英樹／中島デザイン

印刷所　株式会社ＫＰＳプロダクツ

製本所　株式会社国宝社

定価はカバーに表示してあります　Printed in Japan

N.D.C. 338　286p　18cm

ISBN978-4-06-537224-1

「講談社現代新書」の刊行にあたって

教養は万人が身をもって養い創造すべきものであって、一部の専門家の占有物として、ただ一方的に人々の手もとに配布され伝達されうるものではありません。

しかし、不幸にしてわが国の現状では、教養の重要な養いとなるべき書物は、ほとんど講壇からの天下りや単なる解説に終始し、知識技術を真剣に希求する青少年・学生・一般民衆の根本的な疑問や興味は、けっして十分に答えられ、解きほぐされ、手引きされることがありません。万人の内奥から発した真正の教養への芽ばえが、こうして放置され、むなしく滅びさる運命にゆだねられているのです。

このことは、中・高校だけで教育をおわる人々の成長をはばんでいるだけでなく、大学に進んだり、インテリと目されたりする人々の精神力の健康さえもむしばみ、わが国の文化の実質をまことに脆弱なものにしています。単なる博識以上の根強い思索力・判断力、および確かな技術にささえられた教養を必要とする日本の将来にとって、これは真剣に憂慮されなければならない事態であるといわなければなりません。

わたしたちの「講談社現代新書」は、この事態の克服を意図して計画されたものです。これによってわたしたちは、講壇からの天下りでもなく、単なる解説書でもない、もっぱら万人の魂に生ずる初発的かつ根本的な問題をとらえ、掘り起こし、手引きし、しかも最新の知識への展望を万人に確立させる書物を、新しく世の中に送り出したいと念願しています。

わたしたちは、創業以来民衆を対象とする啓蒙の仕事に専心してきた講談社にとって、これこそもっともふさわしい課題であり、伝統ある出版社としての義務でもあると考えているのです。

一九六四年四月　野間省一